1917
Revolutionäres Russland

Demonstration von Matrosen, die sich 1917
in Petrograd für die Revolution einsetzen.

Sturm auf das Winterpalais.
Gemälde von Nikolai
Kochergin (1897–1974).

Helmut Altrichter
Jörg Baberowski
Winfried Dolderer
Guido Hausmann
Manfred Hildermeier
Dietmar Neutatz
Matthias Stadelmann

1917 Revolutionäres Russland

Herausgegeben
in Zusammenarbeit
mit DAMALS –
Das Magazin
für Geschichte

Abbildungsnachweis
akg-images: S. 1, 8, 10, 11, 12, 25, 27, 29, 30, 35, 39, 40 unten, 41 oben, 47, 48, 53, 54, 59, 61, 63, 65, 68, 75, 77, 80, 81, 82, 84, 85, 87, 88, 89, 90, 91, 92, 93, 94 oben, 94 unten, 95, 96, 97, 98 oben, 98 unten, 101, 102, 104, 105, 107, 108, 109, 110, 111, 115, 116, 119, 123, 124, 125 mittig, 125 unten, 127; *Bridgeman Images*: S. 7, 16, 20 unten, 24, 28 oben, 28 unten, 33, 42, 44, 50, 51, 56, 58, 69, 70, 71, 78, 79, 103, 117, 120, 122, 126 mittig; *interfoto*: S. 2/3, 9, 17, 18, 19, 20 oben, 21, 22, 23, 31, 32, 36, 37, 38, 40 oben, 41 unten, 45, 46, 52, 57, 60, 62, 73, 76, 106, 112, 113, 118, 121, 126 oben, 126 unten links; *Ullstein Bild*: S. 13, 99

Karten: *Peter Palm, Berlin* (S. 14/15, 26, 66, 72)

Die Deutsche Nationalbibliothek verzeichnet diese Publikation in der Deutschen Nationalbibliografie; detaillierte bibliografische Daten sind im Internet über http://dnb.d-nb.de abrufbar.

Der Theiss Verlag ist ein Imprint der WBG.

Die Herausgabe des Werks wurde durch die Vereinsmitglieder der WBG ermöglicht.
Lektorat: Redaktion DAMALS
Bildrecherche: Carsten Felker
Layout, Satz und Prepress: schreiberVIS, Bickenbach
Umschlaggestaltung: Stefan Schmid Design, Stuttgart
Umschlagabbildung: Lenin auf der Tribüne.
Gemälde von Alexander Gerassimow, 1930. AKG.
Gedruckt auf säurefreiem und alterungsbeständigem Papier
Printed in Germany

Besuchen Sie uns im Internet: www.wbg-wissenverbindet.de

ISBN 978-3-8062-3365-0

Eine Diktatur neuer Qualität

Die Oktoberrevolution des Jahres 1917 – genauer gesagt der Putsch einer kleinen Gruppe entschlossener Marxisten unter der Führung Lenins – ist bis heute das Vorbild für einen kommunistisch inspirierten Umsturz; eigentlich sogar das Vorbild für einen Umsturz an sich. Denn diese Revolution stellte in ihrer Radikalität, in der Entschiedenheit, mit der in den Monaten und Jahren nach dem Staatsstreich die bestehenden politischen und gesellschaftlichen Strukturen zerschlagen wurden, eine Zäsur dar. Und ihre Langzeitwirkung dauert an.

Obwohl sich die Oktoberrevolution entschieden weltanschaulich gab, liegt ihre besondere Qualität darin, dass ihre Anführer durchweg pragmatisch agierten: Die Macht aufnehmen und ohne Rücksicht auf irgendwelche Werte und Prinzipien für die eigene Interessengruppe nachhaltig sichern, zuallererst darum ging es den Bolschewiki.

Gerade dieses Archaisch-Zielgerichtete hat die Oktoberrevolution weltweit für Sozialisten und Kommunisten zum leuchtenden Vorbild werden lassen, zur legendären Urtat eines militanten linken Aktivismus, der die „Befreiung" bis dahin unterprivilegierter „Massen" propagiert, aber vor allem auch Macht organisiert. Zahllose linksgerichtete Bewegungen, Guerillas, Putschisten oder Befreiungsorganisationen und die – wenn sie denn erfolgreich waren – von ihnen errichteten Regime haben seither den Mythos der Oktoberrevolution genährt; sie haben sich darauf berufen, sich damit für kommende Anstrengungen motiviert oder ihr strategisches sowie konkretes Handeln daran ausgerichtet.

Mit der „roten" Oktoberrevolution schlich sich in den vom Erlebnis des Ersten Weltkriegs verunsicherten europäischen Staaten die Furcht vor dem „Bolschewismus" ein. Sie trieb seit den 1920er Jahren zahlreiche Wähler in die Arme nationalistischer, völkischer oder rassistischer Antikommunisten, die sich als Bollwerk gegen die „Weltrevolution" anboten.

Der Aufbau des bolschewistisch bestimmten Sowjetstaats ließ ein neues Riesenreich entstehen. Es stand für den Versuch, eine Gesellschaft nach einem neuen, antikapitalistischen Menschenbild zu formen. Für die Bürger, die im Vielvölkerstaat Sowjetunion lebten, erwies sich der Prototyp des kommunistischen Staats, den die Propaganda als Aufbruch in die Moderne schönzufärben suchte, als eine Mischung aus Unfreiheit, Menschenverachtung und Mangelwirtschaft.

In diesem Band schildern namhafte Historiker, wie das Zarenreich, geprägt von Ungleichheiten, gebeutelt von inneren Widersprüchen und der Unfähigkeit der Autokraten, nach der Revolution von 1905 in Ansätzen modernisiert wurde; wie die Lasten des Ersten Weltkriegs und die wachsende Unzufriedenheit in breiten Bevölkerungsschichten 1917 zur Februarrevolution und zur Abdankung des Zaren führten. Wir zeichnen nach, wie die Provisorische Regierung wichtige Weichenstellungen versuchte, aber dennoch an den großen Fragen von Versorgungssicherheit und Landreform scheiterte. Wir stellen die Köpfe der kampfbereiten Linken vor. Wir beschreiben den Staatsstreich der Bolschewiki und den folgenden blutigen Aufbau ihrer Parteidiktatur. Wir skizzieren, wie die bolschewistische Ideologie alle Gesellschaftsbereiche durchdrang. Und wir berichten darüber, wie die neuen Herren die Herausforderung des Bürgerkriegs bestanden.

Die von den Bolschewiki errichtete Sowjetunion hat sich mit der Unabhängigkeit ihrer 15 Unionsrepubliken in den Jahren 1990/91 aufgelöst. Russlands Präsident Wladimir Putin machte erst jüngst Lenin dafür verantwortlich, mit der Schaffung autonomer Republiken in der entstehenden UdSSR das dem Zarismus entrissene Reich dauerhaft beschädigt zu haben. Mag Putin auch auf den Urvater der Oktoberrevolution schimpfen, als kaltschnäuziger Machtpolitiker wandelt er auf Lenins Spuren. Das russische Imperium, wenn auch in gewandelter Form – es lebt.

Stefan Bergmann
Chefredakteur des Geschichtsmagazins DAMALS

Mord in Jekaterinburg

Das Ende der Romanows

Winfried Dolderer

Ein bolschewistisches Exekutionskommando ermordete in der Nacht auf den 17. Juli 1918 den ehemaligen Zaren Nikolaus II., seine Frau, seine fünf Kinder sowie vier Bedienstete in einer Villa in Jekaterinburg. Eigentlich hatten die neuen Machthaber in Moskau geplant, dem ehemaligen Herrscher den Prozess zu machen. Wer letztlich das Massaker anordnete, ist unklar.

Einige Tage nachdem am 25. Juli 1918 antibolschewistische Truppen der „Tschechoslowakischen Legion" Jekaterinburg eingenommen hatten, kamen zwei westliche Ausländer in die Stadt. Beide, der Schweizer Pierre Gilliard und der Brite Charles Sidney Gibbs, hatten als Pädagogen viele Jahre im Dienst der Familie Romanow verbracht, Gilliard seit 1913 als Erzieher des zu jenem Zeitpunkt neunjährigen Thronfolgers Alexei Nikolajewitsch. Am zweiten Tag nach ihrer Ankunft begaben sie sich zum Ipatjew-Haus, dem letzten bekannten Aufenthaltsort des Zaren, seiner Gattin und ihrer Kinder. Sie wollten erfahren, was aus ihren einstigen Zöglingen und deren Angehörigen geworden war.

Die Bolschewisten hatten kurz zuvor den Tod Nikolaus II. bekanntgegeben. Am 20. Juli war in der Presse eine Verlautbarung des Bezirkssowjets der Ural-Region erschienen, in der von einem „Komplott" zur Befreiung der Zarenfamilie die Rede war. Angesichts der Bedrohung Jekaterinburgs, der „roten Hauptstadt des Ural", durch konterrevolutionäre Truppen und der Gefahr, dass der „gekrönte Henker" dadurch dem verdienten „Volksgericht" entkommen könnte, habe das Präsidium des Bezirkssowjets „in Erfüllung des Volkswillens" beschlossen, den „zahlloser blutiger Verbrechen gegen das Volk schuldigen Exzaren Nikolaus Romanow" zu erschießen. Das Urteil sei in der Nacht zum 17. Juli vollstreckt worden. Die Familie Romanow sei danach aus Jekaterinburg „an einen anderen, sichereren Ort gebracht" worden.

Zar Nikolaus II. (Mitte) und seine Familie (von links): Olga, Maria, Zarin Alexandra, Anastasia, der „Zarewitsch" Alexei und Tatjana.

Die Frage war nun: Wo waren sie? Im Obergeschoss des Ipatjew-Hauses, wo die Gefangenen seit dem 30. April logiert hatten, fand sich keine Spur. Lediglich ein mit Bleistift auf einen Fensterrahmen gekritzeltes Hakenkreuz und ein weiteres an der Wand eines Nebenraums, etwa in Höhe eines Betts. Von der mystisch beseelten Zarin Alexandra Fjodorowna war bekannt, dass sie das Hakenkreuz für einen Glücksbringer hielt. Im Untergeschoss stießen die beiden Besucher auf einen Raum, dessen Wände und Fußboden von Einschüssen förmlich zersiebt waren. Teile des Wandputzes waren herabgefallen.

Anfang 1919 kam es zu Ermittlungen unter Leitung eines erfahrenen Kriminalisten, des Omsker Staatsanwalts Nikolai Sokolow. Hinweise von Bauern aus der Gegend führten in ein Waldstück unweit der Ortschaft Koptjaki, wo sich neben einem verlassenen Bergwerksschacht drei Feuerstellen fanden und in der Asche einige angekokelte Gegenstände; ein Medaillon und Ohrringe der Zarin; eine Gürtelschnalle und Teile der Mütze des Zaren; das Gebiss des Leibarztes Jewgeni Botkin; sechs metallene Korsettverschlüsse. Knöpfe vom Mantel des Zarewitsch.

„Rein rechtlich gesehen, wäre die Aburteilung der Familie des Zaren natürlich unmöglich gewesen. Das Prinzip, dessen Opfer die Familie des Zaren wurde, ist das Kernstück jeder Monarchie: dynastische Erbfolge", notierte 17 Jahre später der im Machtkampf gegen Stalin unterlegene Revolutionär Leo Trotzki im Exil in seinem Tagebuch. Es lässt sich allerdings fragen, ob gerade Trotzki mit diesem Ausgang wirklich zufrieden sein konnte.

Nach seiner Abdankung stand Zar NikolausII. mit seiner Familie zunächst unter Hausarrest in Zarskoje Selo, südlich von St. Petersburg. Das Foto zeigt den ehemaligen Herrscher mit seinen Bewachern.

Im Frühjahr 1918 hatte er als einer der führenden Bolschewiki einem Schauprozess in Moskau gegen NikolausII. das Wort geredet, der im Rundfunk übertragen werden sollte, um den Zarismus in den Augen auch seiner letzten Anhänger zu diskreditieren. Trotzki war nach eigener Darstellung konsterniert, von Jakow Swerdlow, dem Vorsitzenden des Allrussischen Zentralen Sowjet-Exekutivkomitees, zu erfahren, dass stattdessen in einer Nacht-und-Nebel-Aktion die ganze Familie ausgerottet worden war, der Zar, die Zarin, vier Töchter im Alter von 17 bis 22 Jahren, der 13-jährige Zarewitsch: „‚Alle?', fragte ich einigermaßen erstaunt. ‚Alle', antwortete Swerdlow. ‚Na und?'".

Schauprozess oder Exil: Was tun mit der festgesetzten Zarenfamilie?

Die im März 1917 aus der Duma gebildete Provisorische Regierung hatte sich der gestürzten Herrschersippe unblutig entledigen und ihr über den Hafen Murmansk die Ausreise nach England ermöglichen wollen. Sie fand indes das Risiko zu groß, dass ein Sonderzug aus Zarskoje Selo spätestens in der 20 Kilometer nördlich gelegenen Hauptstadt Petrograd von Revolutionären gekapert werden könnte und die illustren Insassen auf der Peter-und-Paul-Festung landen würden, wie es der Petrograder Arbeiter-und-Soldaten-Rat immer wieder lauthals forderte.

Eine vergleichbare Verlegenheit erlebten ein Jahr später die Bolschewiki mit dem Vorhaben, NikolausII. aus dem entlegenen sibirischen Städtchen Tobolsk zur Aburteilung nach Moskau zu holen. Das Land war im Aufruhr und die Möglichkeit, dass auf der 1500 Kilometer langen Strecke antibolschewistische Streitkräfte den Zug stoppen und die Gefangenen befreien würden, nicht von der Hand zu weisen. So wurde Jekaterinburg zur letzten Station der unfreiwilligen Odyssee des Zaren durch sein einstiges Reich. Erstmals in der Zeit ihrer Gefangenschaft fanden er und seine Familie sich hier von kompromisslos rabiaten Feinden umgeben.

Im Alexanderpalais zu Zarskoje Selo, seiner bevorzugten Residenz, in die Nikolaus eine Woche nach seiner Abdankung zurückgekehrt war, nunmehr nur noch „Oberst Romanow", war der Tagesablauf anfangs strikt, später zunehmend milde reglementiert gewesen. Die Gefangenen durften auf einer Rasenfläche im Park sogar Gemüse züchten. In Tobolsk, einer

Stadt ohne Eisenbahnanschluss, ohne Industrieproletariat und mit noch überwiegend zarentreuer Bevölkerung, wo die Provisorische Regierung sie im August 1917 in Sicherheit gebracht hatte, verlebten sie ein beschauliches Winterhalbjahr. Lediglich als Mitte Januar 1918 der Soldatenrat die Abschaffung der militärischen Ränge beschloss, musste auch der Zar die Schulterstücke seiner Obristenuniform abliefern.

Jekaterinburg hingegen war ein Brennpunkt des bolschewistischen Radikalismus. Der Regionalsowjet war frühzeitig entschlossen, sich der Zarenfamilie zu bemächtigen, um sie umzubringen. Ende März 1918 ersuchten die Genossen im Ural die Moskauer Zentrale, ihnen die Gefangenen zu überstellen. Sie fanden zunächst kein Gehör. Am 1. April entschied das Präsidium des Zentralen Exekutivkomitees stattdessen, die Familie Romanow nach Moskau zu holen. Der Beschluss hielt allerdings nur fünf Tage, dann bekam Jekaterinburg doch den Zuschlag. In diesem Sinn informierte die Moskauer Führung auch den Ural-Sowjet, der sich nicht lange bitten ließ und am 13. April Truppen nach Tobolsk schickte. Sie mussten indes abziehen, ohne die Gefangenen mitnehmen zu können.

Am 22. April erschien in Tobolsk ein Abgesandter der bolschewistischen Führung mit einem Beglaubigungsschreiben Swerdlows. Wassili Jakowlew fiel durch gepflegte Manieren auf, sprach den Zaren mit „Majestät“ an und teilte mit, er habe den Auftrag, ihn abzuholen. Nikolaus gewann den Eindruck, dass das Ziel Moskau war. Da der Zarewitsch krank zu Bett lag, machten sich zunächst nur er, die Zarin und Tochter Marie auf eine Reise, die zumindest ihr Begleiter Jakowlew mit schweren Befürchtungen antrat.

Er misstraute den Genossen aus dem Ural und rechnete damit, sie würden versuchen, die Gefangenen unterwegs zu kidnappen. Mehrfach telegraphierte er mit Swerdlow und drang darauf, eine andere Route als über Jekaterinburg nehmen zu dürfen. Die Zarenfamilie sei dort in akuter Lebensgefahr. Als die Gesellschaft in Tjumen den Zug bestieg, dirigierte Jakowlew diesen zunächst nicht nach Westen in Richtung Ural, sondern nach Südosten in Richtung Omsk. Der Ural-Sowjet schlug Alarm, brandmarkte Jakowlew als Verräter und schickte dringende Appelle in die Welt, ihn mit allen Mitteln zu stoppen.

Aus Moskau kamen widersprüchliche Signale von Swerdlow. Dem Ural-Sowjet telegraphierte er, Jakowlew sei vertrauenswürdig und handle in seinem Auftrag. Diesen selbst wies er an, die Gefangenen in Jekaterinburg abzuliefern. Die dortigen Genossen hätten sich für ihr Leben verbürgt. Schon damalige Beobachter wie der liberale italienische Publizist und Russland-Kenner Luciano Magrini haben sich gefragt, welches Spiel Swerdlow trieb. Konnte sich Moskau gegen Jekaterinburg schlicht nicht durchsetzen? Oder gab es ein geheimes Einverständnis? Sah sich Swerdlow nach dem Frieden von Brest-Litowsk von den deutschen Siegern unter Druck gesetzt, ihnen den Zaren zu überstellen? Gab er zum Schein nach, indem er zugleich mit dem Ural-Sowjet verabredete, Nikolaus auf dem Weg nach Moskau abzufangen?

In der Nacht vom 16. auf den 17. Juli 1918 wurden Nikolaus II. und seine gesamte Familie im Untergeschoss des Ipatjew-Hauses in Jekaterinburg ermordet. Mit den Romanows starben vier Bedienstete (Illustration von Henri de Weindel aus „Histoire des Soviets“).

Nächtliches Drama in der Villa: Die Opfer sind bis zuletzt ahnungslos

In Jekaterinburg stand eine stattliche Immobilie als Unterkunft bereit. Der Vorbesitzer, der Kaufmann Nikolai Ipatjew, hatte zwei Tage bekommen, um sein Haus zu räumen; ein Palisadenzaun wurde um das

Das Zimmer, in dem die Zarenfamilie starb (retuschiertes Foto von 1918): Durch die zahlreichen Einschüsse hatte sich an einigen Stellen der Putz von der Wand gelöst.

Grundstück gezogen. Am 23. Mai traf auch der Rest der Familie aus Tobolsk ein. Am 4. Juli wurden die meisten der bewaffneten Arbeiter aus umliegenden Fabriken, die bis dahin den Wachdienst versehen hatten, abgezogen. Ihre Aufgabe übernahm jetzt eine Truppe hartgesottener Agenten der Tscheka, des bolschewistischen Sicherheitsdienstes, unter dem Kommando des gelernten Uhrmachers Jakow Jurowski.

Seit Ende Juni verhandelte in Moskau ein Abgesandter des Ural-Sowjets, Filip Goloschtschekin, mit dem Ziel, grünes Licht für die Exekution zu bekommen. Es wurde ihm erneut verweigert. Die bolschewistische Führung hatte den Plan eines Schauprozesses noch nicht aufgegeben, wenn nicht in Moskau, dann vielleicht in Jekaterinburg. Sie trug den dortigen Genossen auf, ein solches Verfahren vorzubereiten. Gab es weitergehende Absprachen? Angesichts des Vormarschs „weißer" Truppen im Raum Ural liegt die Vermutung nahe, dass Goloschtschekin für den Fall, dass die militärische Lage einen Prozess unmöglich machte, die Erlaubnis mitnahm, wenigstens den Zaren zu liquidieren.

Jedenfalls begannen am Tag nach seiner Rückkehr im Ipatjew-Haus die Vorbereitungen für das Massaker. Am 16. Juli, um 19 Uhr, eröffnete Jurowski seinen Leuten, dass der Zeitpunkt gekommen war, und verteilte zwölf Revolver. Um Mitternacht ließ er die Gefangenen wecken unter dem Vorwand, die Sicherheitslage in der Stadt erfordere, sie ins Untergeschoss umzuquartieren.

Im funzeligen Licht einer einzigen Glühbirne waren eine halbe Stunde später elf Menschen versammelt, die Familie und vier Bedienstete. Sie ahnten nicht im Mindesten, was ihnen bevorstand, bis Jurowski den Raum betrat und erklärte, sie würden jetzt erschossen. „Was?", sagte Nikolaus, bevor eine Salve aus mehreren Revolvern ihm die Brust durchsiebte. Auch die Zarin war sofort tot; in den folgenden drei Minuten feuerte das Exekutionskommando von der Tür aus etwa 60 Kugeln in den Raum. Als Qualm und Staub sich legten, zeigte sich, dass mehrere Opfer noch lebten. Den Zarewitsch, drei seiner Schwestern und den Arzt tötete Jurowski mit Kopfschüssen. Die Zofe Anna Demidowa wurde mit 30 Bajonettstichen niedergemacht.

Der Aufwand, den die Täter trieben, um das Blutbad zu vertuschen, lässt fast vermuten, es sei ihnen selber nicht geheuer gewesen. Jurowski ließ auch in den Tagen danach die üblichen Wachen am Ipatjew-Haus aufziehen, als wäre es noch bewohnt. Lange Zeit lautete die offizielle Version, die Familie sei verschont geblieben. Noch im April 1922 sagte der sowjetische Außenkommissar Georgi Tschitscherin einem US-Reporter, er wisse nicht, was aus den Töchtern des Zaren geworden sei. Er habe gehört, sie seien in Amerika.

Dr. Winfried Dolderer, geb. 1954, ist Historiker und Journalist. Er arbeitete unter anderem viele Jahre als Berlin-Korrespondent.

Riesenreich im Umbruch

Guido Hausmann

Zwischen dem 16. und dem 19. Jahrhundert war das Zarenreich fast unaufhörlich gewachsen. Lange war es gelungen, die zahlreichen Völker und Religionen des Riesenreichs einigermaßen zusammenzuhalten. Das änderte sich Mitte des 19. Jahrhunderts.

Moskau war Anfang des 20. Jahrhunderts weiterhin wirtschaftliches und kulturelles Zentrum Russlands, obwohl der Status der Hauptstadt 1712 offiziell an St. Petersburg übergegangen war (Blick über die Moskwa auf den Kreml; Photochrom, um 1900).

Niemals zuvor hatte das Zarenreich eine größere territoriale Ausdehnung als in der Periode zwischen den 1860er Jahren und dem Beginn des Ersten Weltkriegs. Der verlorene Krim-Krieg (1853–1856) hatte zwar den Großmachtstatus Russlands in Europa erschüttert und eine Legitimationskrise der Zarenherrschaft zur Folge gehabt, aber zu keinen größeren territorialen Einbußen geführt. Ganz im Gegenteil: Parallel zu den „Großen Reformen" unter Zar Alexander II. (1855–1881) expandierte Russland in Asien noch ein weiteres Mal.

Im Rückblick reihen sich diese neuen asiatischen Eroberungen Russlands in eine lange, unaufhaltsam anmutende Expansionsgeschichte ein: Im 16. Jahrhundert und in der ersten Hälfte des 17. Jahrhunderts hatten die Moskauer Zaren innerhalb weniger Jahrzehnte ganz Sibirien bis zum Pazifik unterworfen. Zu Beginn des 18. Jahrhunderts folgten die baltischen Provinzen, die südlichen ukrainischen Gebiete schrittweise im 17. und 18. Jahrhundert (zum Teil durch die Teilungen Polen-Litauens am Ende des 18. Jahrhunderts, bei denen Russland weißrussische, litauische und große polnische Siedlungsgebiete an sich riss). Zur selben Zeit, im Jahr 1783, kam die Krim zum Zarenreich, etwas später, zu Beginn des 19. Jahrhunderts, erst Finnland (1809) und dann Bessarabien (1812). Der südliche und der nördliche Kaukasus folgten vom Ende des 18. Jahrhunderts bis zur Mitte des 19. Jahrhunderts, und schrittweise schob Russland seit dem 18. Jahrhundert seine Herrschaft zudem in die kasachischen Steppengebiete und bis 1860 auch ins Amur-Gebiet bis zur Pazifikküste vor.

Seit 1864/65 gelang nun die schnelle Eroberung großer Teile des südlichen Zentralasien, ein Akt, der angesichts der Demütigung, die Russlands Niederlage im Krim-Krieg mit sich gebracht hatte, kompensatorische Züge trug und zu neuen territorialen Auseinandersetzungen mit dem britischen Weltreich in Asien führte. Lediglich in den östlich des Kaspischen Meers gelegenen turkmenischen Siedlungsgebieten zog sich diese zentralasiatische Expansion Russlands län-

Zar Alexander II. (1855–1881; Gemälde von Georg Bottmann, 1856) setzte nach dem verlorenen Krim-Krieg innenpolitisch auf Reformen. Kernpunkt war die Bauernbefreiung.

ger hin und hinterließ eine tiefe Spur militärischer Gewalt.

Der Zarenstaat verwaltete die neuunterworfenen Gebiete entweder direkt als Generalgouvernement Turkestan oder indirekt, indem sie de jure unabhängig blieben (wie die Khanate Buchara und Chiwa), de facto aber von Russland abhängig wurden. Mit der Expansion nach Zentralasien kamen neue türk- und persischsprachige Bevölkerungsgruppen zum Zarenstaat, die seine sprachliche, religiöse und ethnische Vielfalt weiter erhöhten. Der gleichzeitige Verkauf des seit dem frühen 18. Jahrhundert zu Russland gehörenden Alaska mitsamt der Inselkette der Aleuten an die USA (1867) zeigt aber auch, dass Russlands Ressourcen durch Kriege und Expansionen an ihre Grenzen kamen bzw. dass das Reich schlicht erschöpft war.

Diese kurze Schilderung zarischer Expansion seit dem 16. Jahrhundert soll nicht nahelegen, dass es keine jeweils unterschiedlichen politischen und wirtschaftlichen Interessenlagen auf Seiten Russlands und ebenso auf Seiten der Bevölkerung der eroberten Gebiete gegeben hat. Es gab auch durchaus variierende Politikansätze im Umgang mit der unterworfenen Bevölkerung. Die oberste Maxime war dabei traditionell die Herrschaftssicherung.

Nach dem polnischen Aufstand von 1863/64 werden die Zügel merkbar angezogen

In den 1860er Jahren kam es allerdings zu einem nachhaltigen Wandel der zarischen Nationalitäten- und Religionspolitik. Dieser hatte Folgen bis hin zum Verhalten und Handeln der Bevölkerung der peripheren Gebiete in den Revolutionen des frühen 20. Jahrhunderts. Am deutlichsten ist dieser Politikwandel gegenüber der polnischen Nationalbewegung und Bevölkerung zu erkennen. Die polnische adlige Elite war sich ihrer vergangenen politischen Bedeutung bewusst geblieben, und Zar Alexander II. wollte sich ihre Loyalität auf andere als auf die repressive Art und Weise seines Vaters und Vorgängers Zar Nikolaus I. (1825–1855) sichern. Dieser hatte nach dem niedergeschlagenen Aufstand von 1830/31 der polnischen Gesellschaft alle Attribute eigener Staatlichkeit (Armee, Parlament) entzogen und für „Kongresspolen" (das war die während des Wiener Kongresses 1815 geschaffene konstitutionelle Monarchie; König war in Personalunion der russische Zar) den Ausnahmezustand ausgerufen. Die nach 1856 von Alexander II. verfolgte gemäßigte Politik der Öffnung spaltete die polnische Gesellschaft. Ihr radikaler Flügel forderte in einem Aufstand 1863/64 die Zarenherrschaft mit der Ausrufung eines polnischen Staats heraus.

Die Niederschlagung des Aufstands fand große Zustimmung und nur wenig Kritik in der russischen Gesellschaft. Als sich der radikale russische Publizist Alexander Herzen (1812–1870) in seiner Londoner Exilzeitschrift „Die Glocke" („Kolokol") auf die polnische Seite stellte, brach die Auflage seiner Zeitschrift abrupt ein, und ihr Rückhalt in der russischen Leserschaft schrumpfte erkennbar. Ein Teil der polnischen Aufstandsteilnehmer und -unterstützer wurde hingerichtet, ein Teil wurde verbannt, oder man zog seinen Gutsbesitz ein, die katholische Kirche wurde unterdrückt, es wurde jegliche Teilautonomie zurückgenommen, und die russische Sprache wurde sukzessive in Verwaltung, Gericht und Schulen eingeführt.

Die Gründung der Universität Warschau als eine höhere russische Lehranstalt im Jahr 1869 symbolisiert diese neue Politik, die deutliche Züge einer russischen Nationalisierung des zarischen Imperiums trug und die die staatliche Kontrolle über die westliche Peripherie des Reichs beschleunigte. Die vom Adel getragene polnische Kultur und Sprache hatte traditionell bis weit in die ukrainischen, weißrussischen und litauischen Gebiete ausgestrahlt. Aber in den 1860er Jahren begann sich jetzt auch eine wachsende Zahl von Ukrainern, Weißrussen und Litauern für den öffentlichen Gebrauch ihrer eigenen Muttersprache auszusprechen und wandte sich damit gegen das Polnische und das Russische. Das wiederum führte zu harschen Verboten, Druckerzeugnisse in diesen Sprachen herauszubringen.

Dieser Wandel hin zu einer beschleunigten politisch-administrativen und kulturellen Integrationspolitik ist für diese Zeit im Zarenstaat generell erkennbar, wenn die Entwicklung auch nicht überall zeitgleich erfolgte und im gerade erst eroberten Zentralasien sogar unterblieb. Kann man trotzdem von einer einheitlichen Nationalitätenpolitik sprechen? Das ist durchaus fraglich: Denn die verschiedenen peripheren Gebiete wurden in unterschiedlichem Maß in die staatliche Ordnung integriert, die politischen Loyalitäten waren in den jeweiligen Gebieten heterogen, auch gab es vor Ort unterschiedliche soziale Dynamiken und kulturelle Orientierungen, und nicht zuletzt handelten die vor Ort verantwortlichen Vertreter des Imperiums in unterschiedlicher Art und Weise oder folgten ihren jeweiligen persönlichen Vorstellungen. Es finden sich in den größeren Städten an der Peripherie Russlands wie in Riga, Warschau, Kiew, Odessa oder Tiflis sowohl Beispiele für beschleunigte Akkulturation in die russischsprachige Gesellschaft als auch Beispiele neuer Entfremdung, Abgrenzung, Radikalisierung und Nationalisierung.

An der Wolga wird die Orthodoxie in den Sprachen der ansässigen Völker verbreitet

Die Politik des Imperiums war zum Beispiel an der mittleren Wolga anders als in Kongresspolen (das nun Weichselland genannt wurde), und auch diese Politik hatte weitreichende Auswirkungen über die Revolutionen von 1917 hinaus.

In der seit der Mitte des 16. Jahrhunderts zum Zarenstaat gehörenden Wolga-Region, mit der Gouvernementshauptstadt Kasan als kulturellem Zentrum, war die administrative Integration sehr viel weiter fortgeschritten als in den polnischen, kau-

Das Russische Reich expandierte seit dem 16. Jahrhundert stetig. Bis Ende der 1630er Jahre wurde Sibirien komplett erobert. Die Illustration zeigt russische Kosaken unter ihrem Ataman Jermak Timofejewitsch beim Gefecht mit Truppen des Khanats Sibir im Jahr 1580.

Das Russische Reich bis 1914
NÖRDLICHES EISMEER
GROSS-BRITANNIEN
NORDSEE
NORWEGEN
Christiania
SCHWEDEN
DÄNEMARK
Kopenhagen
Stockholm
BARENTSSEE
Murmansk
Nowaja Semlja
KARISCHES MEER
Sewernaja Se
Finnland
Berlin
DEUTSCHES REICH
OSTSEE
Reval/ Tallinn
Helsinki
WEISSES MEER
Livland
Ladogasee
St. Petersburg (Petrograd)
Onegasee
Archangelsk
Prag
Weichsel
Riga
Polen
Wien
Warschau
Wilna
Pskow
Nowgorod
Ust-Zilma
Nördliche Dwina
Dwina
Minsk
Wologda
Ural
Obdorsk
Budapest
Lemberg
Smolensk
Wolga
Moskau
Russland
Beresow
Turuchansk
ÖSTERREICH-UNGARN
Wladimir
Tula
Westsibirien
Kiew
Oka
Jenissei
Dnjestr
Nischni Nowgorod
Kama
Obski-Gorodok
RUMÄNIEN
Ukraine
Dnjepr
Charkow
Woronesch
Kasan
Perm
Ob
RUSSISCHES REICH
Bukarest
Odessa
Jekaterinoslaw
Pensa
Tobolsk
Jekaterinburg
Tjumen
Narym
Saratow
Samara
Ufa
Ischim
Tara
Jenisseisk
Don
Wolga
ASOWSCHES MEER
Konstantinopel
Bosporus
Krim
Asow
Zarizyn
Ural
Orenburg
Tobol
Tomsk
Petropawlowsk
Omsk
SCHWARZES MEER
Krası
Kasachstan
Astrachan
Gurjew
Barnaul
Kusnezk
Turgai
Akmolinsk
Irtysch
Georgien
Batum
Kaukasus
Semipalatinsk
Tiflis
Aralsk
KASPISCHES MEER
Eriwan
Aralsee
Syr-Darja
Kuldscha
Perowsk
Balchaschsee
Baku
OSMANISCHES REICH
Krasnowodsk
Chiwa
Amu-Darja
Turkestan
Chiwa
TRANSKASPIEN
Alma-Ata
Ili-Gebiet
1871–1881 besetzt
Urumtsch
Buchara
Taschkent
Teheran
Aschchabad
Samarkand
Kokand
Merw
Buchara
Russisches Einflussgebiet
Tarim
Kuschka
Sinkiang
PERSIEN
AFGHANISTAN
Brit.-Indien
Kabul

Wrangel-Insel
BERING-MEER
Großfürstentum Moskau
Erwerbungen bis 1855
Erwerbungen 1855 bis 1914
abhängige Gebiete
zeitweise besetzte Gebiete vor 1914
Grenze Russlands 1914
Transsibirische Eisenbahn
OSTSIBIRISCHES MEER
Anadyr
Anadyrsk
Neusibirische Inseln
Nischnekolymsk
Penschinskoje
Srednekolymsk
Kolyma
Indigirka
Gischinsk
Saschiwersk
Werchnekolymsk
Ust-Kamtschatsk
Werchojansk
Kamtschatka
Schigansk
Ostsibirien
Petropawlowsk
Bolscherezk
Ochotsk
Wiljuisk
Jakutsk
OCHOTSKISCHES MEER
Tunguska
Aldan
Kurilen
Nikolajewsk
Alexandrowsk
Udsk
Tunguska
Lena
Amur
Sachalin
1905 japanisch
Kirensk
Amur-Provinz
Blagowjeschtschensk
Chabarowsk
Aigun
Baikalsee
Angara
Nertschinsk
Küsten-provinz
Tschita
Irkutsk
Mandschurei
1900–1905 besetzt
PAZIFISCHER OZEAN
Charbin
Wladiwostok
Ulan-Bator
JAPANISCHES MEER
ußere Mongolei
Mukden
JAPAN
Korea
Dairen
Peking
CHINESISCHES REICH
0 200 400 600 km

Als polnische Aufständische 1863 einen unabhängigen polnischen Staat ausriefen, ließ Alexander II. den Aufstand mit aller Härte niederschlagen. Gegen die Truppen des Zaren hatten die schlecht ausgerüsteten Aufständischen keine Chance (Gemälde von Stanislaus von Chlebowski).

kasischen oder zentralasiatischen Gebieten. Der Zarenstaat hatte in dieser Region seit der Herrschaftszeit von Zarin Katharina II. (1762–1796) den Islam offiziell toleriert, während die orthodoxe Kirche zugleich immer wieder die dort ansässigen Volksstämme unterschiedlicher Herkunft missionierte – so finnisch- oder türksprachige Bevölkerungsgruppen, die zum Teil oberflächlich orthodox waren, sich zum Teil aber an islamischen oder animistischen Vorstellungen orientierten. Der Staat ließ dort also – im Unterschied zur westlichen Peripherie – auch nach den 1860er Jahren sprachliche Vielfalt zu bzw. unterstützte diese sogar aktiv, da er seine Herrschaft in dieser Region nicht bedroht sah.

Ein solcher Vertreter des Imperiums vor Ort war Nikolai Ilminski (1822–1891), Sohn eines einfachen russischen Gemeindepriesters. Ihm war es gelungen, an der angesehenen höheren Geistlichen Akademie in Kasan zu studieren. Neben der orthodoxen Kirchengeschichte hatte er sich auch mit der Naturgeschichte und mit dem Erlernen von Sprachen beschäftigt und sowohl das Arabische als auch das Tatarische erlernt, die Sprache der Kasan- oder Wolgatataren, die vor allem außerhalb der Gouvernementshauptstadt lebten. Der neugierige und talentierte junge Mann war 1846 in tatarischer Kleidung losgezogen, um von der Dorfbevölkerung zu erfahren, warum viele zuvor getaufte Tataren nach einer Cholera-Epidemie wieder zum Islam zurückgekehrt waren.

Die Zeit von 1851 bis 1853 verbrachte Ilminski im Osmanischen Reich, um unter anderem in Kairo seine Kenntnisse des Islam und der arabischen Sprache zu verbessern. Dort beobachtete er englische Missionare, die erfolgreich die Bibel und andere religiöse Literatur in der Sprache der einheimischen Bevölkerung verbreiteten. Zurück in Russland – Ilminski lebte bis zu seinem Tod die meiste Zeit in Kasan, aber auch in Orenburg, St. Petersburg und Moskau – baute er in Kasan seit den 1860er Jahren ein zunächst privates, nach 1870 staatliches Schulnetz für die getaufte nicht-russische Bevölkerung der mittleren Wolga auf (das waren Tataren, Tschuwaschen, Mari, Udmurten und Mordwinen). Gleichzeitig zeichnete er als Direktor eines von ihm gegründeten Kasaner Lehrerseminars für die Ausbildung von Lehrern an diesen Schulen verantwortlich. Solche Schulen wurden in den folgenden Jahrzehnten nicht nur an der mittleren Wolga, sondern auch in Sibirien, bei den Kasachen und in anderen Regionen Russlands gegründet.

Die Lehrer sollten das orthodoxe Christentum in den indigenen Sprachen und nicht etwa in der russischen Sprache verbreiten. Dieses Konzept blieb auch nach Ilminskis Tod im Jahr 1891 umstritten, denn die Gegner der von ihm geprägten Schulen beharrten darauf, dass der Unterricht in der russischen Sprache für die Schüler geeigneter sei. Denn die Russen seien kulturell höher entwickelt, und das Russische sei die Staatssprache. Sie verwiesen dabei auf andere Regionen Russlands wie die polnischen Gebiete und hoben die Notwendigkeit hervor, mit Blick auf die Durchsetzung des russischen Herrschaftsanspruchs das Schulwesen zu vereinheitlichen.

Der Lebensweg Ilminskis zeigt, dass das zarische Imperium in der Mitte und in der zweiten Hälfte des 19. Jahrhunderts über aktive und loyale Männer vor Ort verfügte, die das zarische Imperium politisch, sozial und kulturell in durchaus unterschiedlicher Weise ausgestalteten. Sie agierten nicht nur im Zentrum, in den beiden Metropolen St. Petersburg und Moskau, sondern auch in der sogenannten Provinz und unterhielten zum Teil ein dichtes Kommunikationsnetz. Ilminski stand beispielsweise in engem Kontakt mit dem Oberprokuror des Heiligsten Synods, also mit dem Leiter der höchsten Kirchenbehörde in Russland, Konstantin Pobedonoszew (1827–1907), der in den 1880er und 1890er Jahren einer der einflussreichsten Staatsmänner und Ratgeber der Zaren Alexander III. (1881–1894) und Nikolaus II. (1894–1917) war. Ilminski war somit ein treuer Diener seiner Kirche und ein loyaler Untertan des Zaren, der Russland vor allem als das „heilige" bzw. orthodoxe Russland begriff.

In der Forschung ist die längerfristige Auswirkung seiner Schul- und Kulturpolitik umstritten. Lenin stammte aus der Familie eines in den Adel aufgestiegenen Elementarschulinspektors und -direktors von der mittleren Wolga. Vor diesem Hintergrund wird vermutet, dass Ilminskis Ansatz, in seinen Schulen die indigenen Sprachen bzw. die Muttersprachen der in den Regionen lebenden Volksstämme zu fördern, bei der Formulierung der sowjetischen Nationalitätenpolitik der 1920er Jahre Pate gestanden hat. In den sowjetischen Schulen der 1920er Jahre wurde allerdings nicht mehr die orthodoxe Religion unterrichtet, sondern auf dem Lehrplan standen die Vorstellungen von Marx, Engels und Lenin.

Die zarische Herrschaft befand sich trotz einer relativen außenpolitischen Ruhe in den Jahrzehnten vor der Revolution von 1905 unter wachsendem Legitimationsdruck – sie war latent und auch offen gefährdet. Dazu trug bei, dass sich die in den 1860er Jahren in Gang gesetzten sozialen Dynamiken sowie der technologische und wirtschaftliche Wandel regional unterschiedlich ausprägten und auch zu neuen nationalen und religiösen Gegenmobilisierungen führten. Neuerungen wie die Dampfschifffahrt, der Eisenbahnbau, die Industrialisierungspolitik der 1880er und vor allem der 1890er Jahre, aber auch die zunehmende Kommerzialisierung der Landwirtschaft und die wachsende Abhängigkeit der Landwirtschaft vom Weltgetreidemarkt wirkten sich auf die Gesellschaft aus.

Eine besondere Entwicklung nahm die jüdische Bevölkerung Russlands. Ihr Niederlassungsrecht war auf die westlichen – vor allem polnischen, weißrussisch-litauischen und ukrainischen – Gebiete Russlands beschränkt, den sogenannten Ansiedlungsrayon. Die Juden begannen nun, sich verstärkt in die zarische Gesellschaft zu integrieren: Möglichkeiten dafür boten seit den 1860er Jahren etwa der Besuch von Mittelschulen und höheren staatlichen Lehranstalten, neue Berufe wie der durch die Justizreform 1864 geschaffene Rechtsanwaltsberuf oder die Mitgliedschaft in den aufblühenden Klubs und den Vereinigungen der schnell

1552 eroberten die Moskowiter unter Zar Iwan IV. (dem „Schrecklichen") das tatarische Khanat Kasan (heutige Republik Tatarstan). Die Zeichnung nach einer Miniatur aus „Das Leben des Sergius Radoneschski" stellt den Einzug des Moskauer Heers in die zuvor belagerte Stadt Kasan dar.

Die Versuche, den Tataren das orthodoxe Christentum nahezubringen, waren nur zum Teil erfolgreich. Ihre muslimischen Wurzeln blieben lebendig. Auf dieser Postkarte (Anfang des 20. Jahrhunderts) ist ein religiöses Ritual von Tataren zu sehen.

wachsenden Städte. Doch führten solche Bemühungen um Akkulturation nicht zu der von vielen Juden erhofften rechtlichen Emanzipation – diese blieb bis zur Februarrevolution 1917 aus. Eher fühlte sich ein wachsender Teil der Mehrheitsgesellschaft, besonders – aber nicht nur – die orthodoxe ostslawische Bevölkerung, durch die neue soziale und wirtschaftliche Dynamik bedroht, die die traditionelle, bis 1917 existierende ständische Ordnung aushöhlte und überwölbte. Die Folge waren neue Ausgrenzungsideologien wie der sich seit den 1880er Jahren ausbreitende moderne Antisemitismus sowie neue Integrationsideologien, zu denen die neuen Nationalismen gehörten.

Die Zaren stellen „Russland" in den Vordergrund und setzen damit das falsche Signal

Das herrschende Haus der Romanows nahm diese gesellschaftlichen Veränderungen auf oder stieß sie auch aktiv an. Zar Alexander III., der 1881 nach dem tödlichen Attentat auf seinen Vater Zar Alexander II. den Thron bestiegen hatte, bezeichnete in seinem Antrittsmanifest im Frühjahr 1881 die autokratische Herrschaft als „heilig" und Russland ausdrücklich als „russisches Land" – und nicht einfach als Staat oder Imperium. Er verstand sich vornehmlich als russischer Herrscher und verstärkte damit eine Tendenz, die sich bereits im Herrschaftsverständnis seines Vaters gezeigt hatte: Dieser hatte immer wieder eine besondere Bindung zwischen der russischen Bevölkerung des Reichs und dem Monarchen hervorgehoben.

Das Kriterium der Nationalität gewann damit an Bedeutung, die Hervorhebung von Orthodoxie und Russentum konnte bzw. musste aber gleichzeitig die Legitimität der Romanow-Herrschaft bei der nichtorthodoxen und nicht-russischen Bevölkerung schwächen. Zar Nikolaus II. wurde in seiner Krönungszeremonie 1894 sogar als von Gott ausgewählt dargestellt, was auf zusätzlichen Legitimitätsbedarf – man kann auch sagen eine wachsende Legitimitätskrise – dynastischer Herrschaft schließen lässt. Dazu passte, dass seit den 1880er Jahren die Formel von der Autokratie, der Orthodoxie und der „Volksbezogenheit" (*narodnost*) als den drei Säulen der zarischen Herrschaft wachsende Popularität erhielt. Diese Formel hatte bereits Bildungsminister Graf Sergei Uwarow (1786 – 1855) nach der Niederschlagung des polnischen Aufstands von 1830/31 propagiert.

Die erste und einzige allgemeine Volkszählung Russlands im Jahr 1897 zeigte aber, dass von einer Gesamtbevölkerung von 125 Millionen Menschen nur 44,3 Prozent (55,7 Millionen) Russisch als Muttersprache nannten und nur zwei Drittel der Bevölkerung Ostslawen waren, also Russen, Ukrainer und Weißrussen (66,8 Prozent oder 83,9 Millionen). Der Anteil der orthodoxen Bevölkerung lag mit 71 Prozent leicht darüber. Der Zensus zählte gleichzeitig 1,8 Millionen Menschen mit wolgatatarischer Muttersprache (1,46 Prozent), 5,9 Millionen (4,7 Prozent) Menschen der mittleren Wolga und im Voruralgebiet, die eine der dort verbreiteten nicht-russischen Sprachen als ihre Muttersprache angaben, 7,9 Millionen (6,3 Prozent) mit polnischer Muttersprache, 5,1 Millionen (vier Prozent) Juden sowie 1,8 Millionen Einwohner (1,4 Prozent) mit deutscher Muttersprache, um nur einige der vielen Nationalitäten und konfessionellen Gruppen abzubilden.

Integrationswillige Juden stoßen immer wieder an gesellschaftliche Grenzen

Während die christliche Bevölkerung keinen größeren Siedlungsbeschränkungen unterlag, blieben die Ansiedlungsmöglichkeiten der stark wachsenden jüdischen Bevölkerung Ende des 19. Jahrhunderts weiterhin auf den „Ansiedlungsrayon" im Westen des Reichs beschränkt. Lediglich eine kleine soziale und kulturelle Elite, zum Beispiel erfolgreiche Unternehmer und Ärzte, durfte sich dauerhaft in St. Petersburg, Moskau oder anderen Städten niederlassen. Ein 1887 eingeführter Numerus clausus für jüdische Studenten und Schüler an den mittleren und höheren Lehranstalten begrenzte die soziale Mobilität der jüdischen Jugend innerhalb des Ansiedlungsrayons auf zehn Prozent und außerhalb des Ansiedlungsrayons auf fünf Prozent bzw. in den beiden Hauptstädten auf drei Prozent. Diese Regelung wurde auch in Zeiten sich verstärkenden studentischen Protests an den Mittel- und Hochschulen strikt angewandt und blieb bis 1917 in Kraft. Sie wurde ergänzt durch weitere prozentuale Begrenzungen für Juden, zum Beispiel für den Beruf des Rechtsanwalts.

Die soziale und kulturelle Integration der jüdischen Bevölkerung in die Gesellschaft des Zarenreichs – und gleichzeitig die Veränderung dieser Gesellschaft im Ganzen – wurde damit eingeschränkt. Immer wieder ausbrechende gewaltsame Übergriffe (Pogrome) bedrohten sogar das Eigentum und das Leben der jüdischen Bevölkerung, so etwa in den Jahren 1881, 1903 und 1905. 1892 kam es zu kollektiven Ausweisungen von Juden aus Moskau.

Die jüdische Bevölkerung reagierte in unterschiedlicher Art und Weise auf diese Situation. Ein größerer Teil hoffte dennoch, sich mit Leistung und guter Lebensführung allmählich besser in die zarische Gesellschaft einzufügen und so soziale Anerkennung zu erhalten. Ein weiterer Teil reagierte, indem er emigrierte: Jüdische Studentinnen und Studenten strömten zum Beispiel in größerer Zahl an deutsche, schweizerische oder andere ausländische Universitäten und Fachhochschulen. Eine kleine, aber wachsende Zahl der Juden wanderte nach Palästina aus. Der weitaus größte Teil erhoffte sich jedoch von der Auswanderung in die USA ein besseres Leben, das mehr Möglichkeiten bot, als es die nähere Zukunft in Russland erwarten ließ. Zwischen 1881 und 1912 emigrierten etwa 1,9 Millionen Juden aus Russland, davon gingen 84 Prozent in die USA.

Für Zar Alexander III. (1881 – 1894) waren das Russentum und die Orthodoxie die tragenden Pfeiler des Zarenreichs. Tatsächlich sprachen aber nur rund 44 Prozent seiner Untertanen Russisch als Muttersprache, wie die Volkszählung von 1897 ergab.

Die jüdische Bevölkerung im Russischen Reich wurde immer wieder Opfer von Gewalttaten. Der kolorierte Stich aus der „Encyclopedia Britannica" zeigt ein Pogrom gegen Juden in Kiew im Jahr 1881: Unter den Augen der Soldaten werden Juden geschlagen und gedemütigt.

Theodor Herzl (1860–1904), österreichisch-ungarischer Schriftsteller und Journalist jüdischer Herkunft, forderte die Gründung eines eigenen jüdischen Staats. Seine Thesen fasste er 1896 in der Schrift „Der Judenstaat" zusammen.

Neben Akkulturation in die Mehrheitsgesellschaft und Emigration war die nationale Bewegung, der Zionismus, eine dritte Form der Reaktion und eine konkrete Handlungsoption für eine wachsende Zahl im Zarenreich lebender Juden. Die Anhängerschaft des Zionismus nahm kontinuierlich zu, besonders nach den Pogrom-Erfahrungen von 1903 und 1905, als die Revolution es auch Juden ermöglichte, sich öffentlich politisch zu artikulieren. Zionistische Führer aus dem Ausland wie Theodor Herzl besuchten Russland und seine jüdischen Gemeinden. Freilich gab es im ausgehenden Zarenreich sehr unterschiedliche zionistische Vorstellungen.

Eine weitere Art und Weise, auf den anhaltenden Ausschluss aus der russischen Gesellschaft zu reagieren, war die politische Radikalisierung. Viele junge Juden kehrten der religiösen Welt des Elternhauses den Rücken und sahen im Sozialismus und in der Revolution den einzigen bzw. den besten Weg der Befreiung aus ihrer Lage. Für sie hatte die soziale Befreiung eine fundamentalere Bedeutung als die nationale oder religiöse. Manche verknüpften auch beides miteinander. So finden sich in den sozialistischen politischen Parteien, die in Russland im ausgehenden 19. und im frühen 20. Jahrhundert im Untergrund entstanden, viele Anhänger und Mitglieder, die aus jüdischen Familien stammten. Sie waren nicht nur als Juden benachteiligter, sondern mobilisierten sich als städtischere und besser gebildete Bevölkerungsgruppe auch sozial und politisch stärker. Trotzki oder Swerdlow sowie zahlreiche andere führende Bolschewiki und Menschewiki können hier genannt werden. Politische Radikalisierung war jedoch nur eine Option für junge Juden im ausgehenden Zarenreich, und den Weg der politischen Radikalisierung wählten auch viele junge Russen und andere, die mit der Zarenherrschaft unzufrieden waren.

Die Ukrainer: zwischen kultureller Anpassung und Sehnsucht nach einem eigenen Staat

Diese Hinweise auf spezifische jüdische Mobilisierungen und deren Bedingungen in der zweiten Hälfte des 19. und frühen 20. Jahrhunderts sind nur ein Teil eines größeren Mosaiks. Für andere nationale – besser: sich nationalisierende – und für bestimmte religiöse Gruppen lassen sich weitere besondere Bedingungen und Ausprägungen herausstellen, zum Beispiel für die Ukrainer. Hervorzuheben ist, dass die Ukrainer in kompakter Weise sowohl in Russland als auch in Österreich-Ungarn lebten. Die große Mehrheit der Ukrainer konzentrierte sich in Russland (1897 etwa 22,4 Millionen Menschen). Sie wurden dort als „Kleinrussen" bezeichnet und gehörten der orthodoxen Kirche an. Die Ukrainer in Österreich-Ungarn (dort lebten in Ostgalizien um 1900 etwa 3,8 Millionen von ihnen) wurden als Ruthenen bezeichnet und gehörten der griechisch-katholischen Kirche an. Die ukrainische Bevölkerung hatte in Österreich-Ungarn wichtige bürgerliche und politische Rechte und damit deutlich bessere Chancen der sozialen, kulturellen und nationalen Entfaltung als in Russland, wo sie zu dieser Zeit über keine kollektiven autonomen Einrichtungen verfügte.

Sowohl in Österreich-Ungarn als auch in Russland waren die Ukrainer vor allem Bauern. Da ihr Adel in Galizien in den zurückliegenden Jahrhunderten im polnischen Adel aufgegangen war, wuchs die griechisch-katholische Geistlichkeit zur ukrainischen nationalen Elite heran. Dagegen gab es im Zarenstaat in einigen Regionen noch Traditionen eines adligen ukrainischen Sonderbewusstseins, und die Geistlichkeit spielte dort kaum eine Rolle. So nutzten nach dem Ende des Krim-Kriegs Adlige zusammen mit ukrainischen

Ein Cartoon im US-amerikanischen Satiremagazin „Judge" widmete sich 1892 im Stil antijüdischer Stereotype unter dem Titel „Ihr neues Jerusalem" den Strömen von Juden, die Russland verließen, weil sie sich in den USA ein besseres Leben erhofften.

Um die Jahrhundertwende lebten im Zarenreich rund 22 Millionen Ukrainer. Sie waren überwiegend Bauern. Auf dem um 1900 aufgenommenen Foto sind zwei junge Ukrainerinnen in der Tracht der Bäuerinnen zu sehen.

Studenten und anderen Gebildeten die neuen Freiräume, um in sogenannten *hromady* („Gemeinschaften") ein eigenes kulturelles Leben zu pflegen. Dabei handelte es sich um kleine Gruppen, die trotz der gemeinsamen orthodoxen Religion und der sprachlichen Nähe zwischen Russen und Ukrainern die kulturelle Eigenständigkeit der Ukrainer gegenüber Russen und auch Polen betonten und ihren wesentlichen historischen Bezugspunkt im frühneuzeitlichen Kosakenstaat (Hetmanat) sahen. In diesem – Kerngebiet war die vom Dnjepr durchzogene Region an der Steppengrenze – hatten sich seit dem 15. Jahrhundert Reitergruppen zusammengefunden, die gemeinsam jagten, Beute machten sowie sich der Krimtataren erwehrten.

Der Zarenstaat unterdrückte den kulturellen Behauptungswillen der Ukrainer in zwei Kampagnen in den Jahren 1863 und 1876, in denen er das Drucken ukrainischsprachiger Werke, Theateraufführungen auf Ukrainisch sowie den Unterricht in ukrainischer Sprache weitgehend verbot. Das Verbot blieb im Prinzip bis 1917 in Kraft, wurde allerdings vor allem 1905 und in den Jahren danach immer wieder unterlaufen. Da 1876 auch die wichtigste gelehrte Vereinigung ihrer Zeit und das entscheidende Sammelbecken der ukrainischen Gebildeten, der Kiewer Zweig der Geographischen Gesellschaft, geschlossen wurde, verkümmerte das öffentliche ukrainische kulturelle und politische Leben weitgehend oder wurde in die Illegalität und in den privaten Raum abgedrängt.

Neben diesem deutlichen Akt politischer Unterdrückung gab es jedoch gleichzeitig auch vielfältige Formen der Akkulturation der ukrainischen Bevölkerung. In den größeren Städten des ukrainischen Siedlungsgebiets – in Kiew, Charkow, Odessa, Jekaterinoslaw – verband sich für viele junge Ukrainer sozialer Aufstieg mit dem Gebrauch der russischen Sprache, und dieser Prozess der Annahme der Herrschaftskultur war mehr oder weniger von Freiwilligkeit geprägt. Wenige Ukrainer wanderten nach Österreich-Ungarn aus, vor allem nach Lemberg, um dem politischen Druck in Russland zu entgehen, und sie trafen dort auf ein im Vergleich zu Russland blühendes ukrainisches kulturell-wissenschaftliches und politisches Leben mit einer wachsenden Zahl an Leseklubs, Vereinen und wissenschaftlichen Gesellschaften.

Der aus dem ukrainischen Kosakenadel stammende Kiewer Historiker Mychajlo Drahomanow (1841–1895) trat in den 1860er Jahren für eine autonome und demokratische Ukraine in einem föderalen Russland ein, engagierte sich aktiv in der ukrainischen Volksbildungsbewegung und besuchte immer wieder die Bukowina und Galizien in Österreich-Ungarn. Zwar wandte er sich gegen simple antipolnische und antirussische Haltungen unter Ukrainern, doch die staatlichen Behörden Russlands misstrauten seinen politischen Ansichten und entzogen ihm schließlich 1875 seine Dozentur an der Kiewer Universität. Drahomanow entschloss sich daraufhin, ins Exil nach Genf zu gehen.

Die ukrainische Nationalbewegung breitete sich im österreichischen Galizien Ende des 19. Jahrhunderts aus und radikalisierte sich, was auch Fernwirkungen in Richtung Russland hatte. Denn in radikalen Zirkeln begann man jetzt auch dort über die Möglichkeit eines eigenen ukrainischen Staats zu diskutieren. Die politische Selbstorganisation im Untergrund nahm zu, und die nationalen Bewegungen vernetzten sich auch untereinander. Darüber gibt es allerdings bisher kaum systematische Erkenntnisse.

Die Revolution von 1905 war in Russland (auch) ein Völkerfrühling. Die Repressionen der vergangenen Jahrzehnte schienen hinter den nationalen Aktivisten und der nicht-russischen bzw. nicht-orthodoxen Bevölkerung zu liegen. Sie konkurrierten jetzt mit den Sozialisten sowie anderen politischen Aktivisten um öffentlichen Zuspruch. Deutlich erkennbar ist, dass die national orientierten Bewegungen programmatisch in der Regel sozialistisch orientiert waren: Sie hatten sich im Widerstand zum Zarenstaat gebildet und behauptet, und sie mussten soziale Forderungen der bäuerlichen Bevölkerung aufnehmen, um Zuspruch zu gewinnen und politische Bedeutung zu erhalten. Für die ukrainische Bewegung bedeutete das, dass radikale politische Parteien wie die Bolschewiki oder Menschewiki, die den Arbeiter ins programmatische Zentrum stellten, weniger Anklang fanden als sozialrevolutionäre Parteien, die Bauern, Arbeiter und Intelligenz gleichermaßen ansprachen.

Hinzu kam eine Präferenz für föderal orientierte Parteien, das heißt für die ukrainischen politischen Parteien, die vor 1905 in der Illegalität entstanden waren oder im Lauf der Revolution von 1905 entstanden. Die Unterdrückung der Revolution in den Jahren 1906/07 traf auch die meisten ukrainischen Parteien in Russland, die erst nach dem Fall der Romanow-Dynastie in der Petrograder Februarrevolution 1917 in gewandelter Weise erneut begannen, das ukrainische politische Leben zu gestalten.

In Sibirien treten die Herrschenden wie eine Kolonialmacht auf

In Sibirien prägten wiederum ganz andere Prozesse die soziale und politische Mobilisierung der Bevölkerung als im Fall der jüdischen und der ukrainischen Bevölkerungsgruppen im europäischen Teil des Reichs. Im Lauf des 19. Jahrhunderts war Sibirien in mehrfacher Hinsicht und deutlich stärker als zuvor in das Gesamtreich integriert worden, so dass traditionelle Unterschiede mehr und mehr in den Hintergrund traten. Adlige Gutswirtschaft und Leibeigenschaftsordnung waren dort nicht verbreitet, die Angehörigen der indigenen Bevölkerung mit ihren unterschiedlichen Sprachen und animistischen religiösen Überzeugungen waren 1822 als sogenannte Fremdstämmige (*inorodcy*) in die allgemeine Ständeordnung integriert (und so gleichzeitig ausgegrenzt) worden. Zudem zogen bäuerliche Siedler aus dem europäischen Russland in der zweiten Hälfte des 19. Jahrhunderts und vor allem im frühen 20. Jahrhun-

Die indigenen Volksgruppen Sibiriens wurden seit 1822 offiziell als „Fremdstämmige" bezeichnet und von den europäischen Siedlern an den Rand gedrängt. Die Postkarte von 1909 zeigt eine Nomaden-Familie in der Region Omsk vor ihrer Jurte.

Die Transsibirische Eisenbahn diente dazu, Sibirien an den europäischen Teil Russlands anzubinden und seine Reichtümer zu erschließen. Der Bau der fast 9300 Kilometer langen Strecke dauerte von 1891/92 bis 1903.

dert in großer Zahl nach Sibirien und ließen sich jetzt nicht mehr nur in den südlichen Teilen Westsibiriens nieder. Sie ergänzten das traditionelle Militär- und Verwaltungspersonal sowie die Kaufleute und die Strafgefangenenkolonien.

Im Jahr 1897 lag der Anteil der zugewanderten Bevölkerung um ein Vielfaches über dem der indigenen Bevölkerung, deren Zahl rund 800000 Menschen betrug – bei einer sibirischen Gesamtbevölkerung von 5,75 Millionen. Die indigene Bevölkerung wurde ausgebeutet, trotzte in der Regel gelegentlichen Missionierungsbemühungen, organisierte sich aber nicht übergreifend gesellschaftlich oder politisch, um eigene Interessen zu formulieren und zu vertreten. Ein sogenannter sibirischer Regionalismus, der sich gegen die faktische koloniale Situation Sibiriens im Zarenstaat aussprach und wehrte, blieb in der zweiten Hälfte des 19. Jahrhunderts das Phänomen einer kleinen Elite.

Expansion und infrastrukturelle Erschließung standen in Sibirien Ende des 19. und zu Beginn des 20. Jahrhunderts im engen Zusammenhang mit der Konkurrenz der europäischen imperialistischen Staaten, die um Ressourcen und Macht wetteiferten. Die Expansion Russlands in die Mandschurei hinein und die Anlage eisfreier Handels- und Militärhäfen fand jedoch mit der russischen Niederlage im russisch-japanischen Krieg (1904/05) ein abruptes Ende. Das russische Vordringen wurde vorbereitet und begleitet durch den Bau der Transsibirischen Eisenbahn von Moskau bzw. dem Ural durch das südliche Sibirien über Irkutsk am Baikalsee nach Chabarowsk und Wladiwostok in den Jahren von 1891/92 bis 1903.

Die Pläne dafür reichten bis in die Mitte des 19. Jahrhunderts zurück, gebaut und realisiert wurde die Transsibirische Eisenbahn aber erst unter Finanzminister Sergei Witte (1849–1915) als Teil seiner umfassenderen Industrialisierungsstrategie für Russland. Die Transsibirische Eisenbahn prägte die Transformation Sibiriens Ende des 19. und im frühen 20. Jahrhundert entscheidend. Die Bahn erschloss weite Teile Sibiriens, hatte neben einer wirtschaftlichen auch eine politisch-militärische und kulturelle Bedeutung und beschleunigte auch die bäuerliche Migration aus dem europäischen Russland nach Sibirien. Unter Berücksichtigung dieser spezifischen Bedingungen in Sibirien entwickelte sich dort vorerst kein flächendeckender und intensiver sozialer und politischer Protest.

Im Ersten Weltkrieg zeigt sich endgültig: Der Zarismus hat abgewirtschaftet

Anfang des 20. Jahrhunderts wurden die Grenzen dieser Integrationspolitik des Zarenstaats deutlich erkennbar. Der Versuch, sozialen und wirtschaftlichen Wandel mit einer Strategie der Konzentration auf die Orthodoxie und den „russischen Kern“ der dynastischen Herrschaft zu verknüpfen und so politische Stabilität zu gewährleisten, mobilisierte Protest und Widerstand. Dieser brach 1905 fast flächendeckend aus. Der Protest nahm neben den politischen Entwicklungen in St. Petersburg auch Entwicklungen von jenseits der Grenzen Russlands auf und war gleichzeitig lokal, regional, national oder konfessionell geprägt. Beispiel Sibirien: Immerhin unternahm während der Revolution von 1905 die indigene Bevölkerung, vor allem Burjaten und Jakuten, erstmals Anstrengungen, um sich selbst zu organisieren. Allerdings traten nur in einzelnen Städten oder in kleineren Regionen etwa Eisenbahnarbeiter, Soldaten oder auch die bäuerliche Bevölkerung mit politischen Forderungen auf, oder es wurden öffentlich lautstark Forderungen nach Autonomie bzw. regionaler Selbstverwaltung gestellt. Diese Bemühungen führten jedoch nicht zum Erfolg.

Die Revolution von 1905 setzte einen politischen Wandel in Gang. Dazu zählten die Zuerkennung bürgerlicher Freiheitsrechte und die Einrichtung eines Parlaments mit gesetzgeberischen Kompetenzen („Staatsduma"). Und Ministerpräsident Pjotr Stolypin (1862–1911) erkannte, dass etwas für die Bauern getan werden musste. Er löste die traditionellen russischen Dorfgemeinschaften auf, in denen es kein Privateigentum gab, und brachte eine umfassende Agrarreform auf den Weg. Aber dieser Prozess geriet schnell wieder ins Stocken, die konservativen Kreise opponierten heftig dagegen. Stolypin überlebte einen Attentatsversuch 1906, 1911 wurde er ermordet.

Zar Nikolaus II. versuchte nach der Niederschlagung der Revolution, so weit wie möglich wieder an die Politik von vor 1905 anzuknüpfen. Er ließ nach der Auflösung der ersten beiden, oppositionell gesinnten Staatsdumen im Juni 1907 das Wahlrecht ändern. Dieses bevorzugte nun die besitzenden Schichten und die russische Bevölkerung in den zentralen Regionen. Die beiden folgenden Staatsdumen waren aus Sicht des Herrschers politisch zahmer und loyaler.

Dennoch ließ sich die Zeit nicht mehr zurückdrehen: Auch wenn die politische Opposition erneut unterdrückt wurde, entwickelte sich in den Städten das kulturelle und in Grenzen auch das politische Leben weiter, zumal in den Jahren vor dem Ersten Weltkrieg, als sich auch nach 1909 die Wirtschaft von einem Jahrzehnt der Krise erholte und erneut Fahrt aufnahm. Nach 1912 kam es zu einer neuen Welle von sozialem und politischem Protest. Dieser flaute zwar im Rausch des Patriotismus mit dem Ausbruch des Ersten Weltkriegs ab, flammte aber seit Herbst 1915 wieder auf.

Zur Ausdifferenzierung des politischen Lebens in Russland zwischen den Revolutionen von 1905 und 1917 gehörte auch, dass sich jetzt ausdrücklich promonarchistische Gruppen und russisch-nationalistische politische Parteien bildeten. Die monarchistischen Gruppierungen sprachen sich für die Verteidigung der autokratischen Ordnung in Russland aus, waren meist antisemitisch ausgerichtet, und ihre Anhänger schreckten auch nicht vor gewaltsamen Übergriffen zurück. Die russischen Nationalisten, nach 1912 in der vierten Duma stärker vertreten, vertraten entschieden die Losung vom „einen und unteilbaren Russland".

Die liberalen politischen Parteien, vor allem die Konstitutionellen Demokraten („Kadetten"), sprachen sich für die kulturellen Rechte der Nationalitäten aus, auch für die Gleichberechtigung der Juden, taten sich aber zum Beispiel mit der Anerkennung der Rechte der Ukrainer schwer, die man als Russen ansah. Bei den Wolgatataren gewann die kulturelle Orientierung am Osmanischen Reich an Bedeutung. Unter dem Eindruck eines in ganz Europa und besonders auf dem Balkan zunehmenden Nationalismus argumentierte deshalb auf Seiten der radikalen politischen Linken schon 1913 der aus Georgien stammende Sozialdemokrat und spätere sowjetische Diktator Josef Stalin in seinem Traktat „Marxismus und nationale Frage": „Daraus folgt aber, dass die russischen Marxisten ohne das Selbstbestimmungsrecht der Natio-

Während des Ersten Weltkriegs wurde die Schwäche des Zarenreichs immer deutlicher. Militärische Rückschläge wie im Frühjahr 1916 gegen deutsche Truppen in der Schlacht am Naratsch-See im heutigen Weißrussland (Foto: gefallene Russen) gingen einher mit der zunehmend schlechten Versorgungslage.

nen nicht auskommen werden." Für die Bolschewiki sollte dieser Standpunkt 1917 und danach ein taktisches Zugeständnis sein, um in den Randregionen Zuspruch zu erhalten.

Das Kriegsrecht in den frontnahen und anderen Randregionen und ein neuer russischer Nationalismus führten während des Ersten Weltkriegs zu einer Verschärfung der Situation, die aber nicht überall gleich ausfiel. Das Verhältnis zum polnischen Bevölkerungsteil veränderte sich, man machte den Polen politische Avancen, um sie nicht in die Arme Österreich-Ungarns oder Deutschlands zu treiben. An der russisch-osmanischen Front und an Russlands Westfront heizte sich die Lage auf. Ukrainisches Eigenständigkeitsstreben wurde unterdrückt, das zeigte sich deutlich beim Einmarsch der zarischen Armee ins österreichisch-ungarische Ostgalizien im Herbst 1914, dem eine neunmonatige Besatzung folgte.

Die Armee vertrieb 1914/15 an der Westfront etwa eine Millionen Zivilisten, die in den grenznahen Gebieten Russlands lebten und als „Spione" oder „feindliche Ausländer" bezeichnet wurden. Dazu gehörten etwa 250000 grenznahe deutsche Siedler, die russische Untertanen waren, eine etwa gleich hohe Zahl an Ausländern sowie etwa eine halbe Million Juden. Diese Gewaltmaßnahmen waren von Geiselnahmen und gewaltsamen Übergriffen begleitet, hinzu kamen 1915 Maßnahmen gegen den Landbesitz der deutschen Siedler sowie gegen deutschen Firmenbesitz, die in einem antideutschen Pogrom im Frühjahr 1915 in Moskau gipfelten.

Diese Politik, die seit Herbst 1915 wachsende Versorgungskrise, die militärischen Rückschläge im Jahr 1915 (Rückzug aus Polen) und erneut seit dem Herbst 1916 verschärften die Legitimationskrise des Zarenstaats, so dass im Februar 1917 kaum noch Verteidiger der Zarenherrschaft übrig waren. Wer sollte den Zarismus auch verteidigen? Und mit welchen Argumenten? Nicht nur die Bauernsoldaten und Arbeiter wandten sich aus guten Gründen gegen die alte Ordnung, diese fand auch keinen Rückhalt in den Regionen und bei den Nationalitäten mehr.

Prof. Dr. Guido Hausmann, geb. 1960, ist Professor für Geschichte Ost- und Südosteuropas an der Universität Regensburg sowie Leiter des Bereichs Geschichte im Institut für Ost- und Südosteuropaforschung Regensburg.

Der Bazillus
des Umsturzes

Befreier ohne Draht zum Volk

Matthias Stadelmann

Bereits Mitte des 19. Jahrhunderts dachten russische Intellektuelle darüber nach, die Autokratie zu beseitigen und die Bauern zu befreien. Die Aktivisten hatten allerdings ein Problem – das einfache Volk wollte von ihren Ideen zunächst nichts wissen.

Die Idee eines politischen Umsturzes mit dem Ziel einer veränderten Staatsform manifestierte sich in der russischen Autokratie zum ersten Mal im Dezember des Jahres 1825. Zwei Gruppen jüngerer adliger Offiziere verschworen sich auf recht ahnungslose und dilettantische Weise gegen die zarische Selbstherrschaft. Angeregt von den Entwicklungen im nachrevolutionären und napoleonischen Europa, stellten sich die „Dekabristen" (von russisch: *dekabr* – Dezember) eine Konstitutionalisierung ihres Landes vor, sei es unter Beibehaltung eines Monarchen oder gar als Republik. Die Revolte wurde an ihren Schauplätzen St. Petersburg und Kiew durch den neuen, erst wenige Tage regierenden Zaren Nikolaus I. rasch beendet, die adligen Verschwörer erwartete ein Strafgericht, bei dem fünf von ihnen zum Tod verurteilt und zahlreiche andere in unwirtliche Gegenden Sibiriens verbannt wurden. In den folgenden Jahren und Jahrzehnten blieben umstürzlerische Gedanken in Russland die geheime Sache weniger Intellektueller, die von der Staatsmacht, sobald diese derlei Zirkel aufspürte, unerbittlich verfolgt, nach Sibirien geschickt oder in die Emigration getrieben wurden.

Auch die Anfänge einer sich auf marxistische Ideen berufenden Sozialdemokratie lagen für Russland in der ausländischen Emigration. Georgi Plechanow (1856–1918), Spross einer kleinadligen Familie, der sich während seines Studiums in St. Petersburg revolutionär gestimmten Kreisen angeschlossen hatte, fand Anfang der 1880er Jahre im Schweizer Exil zu den Konzeptionen von Marx und Engels, die ihm auch für Russland gültig zu sein schienen. Ein solcher Schluss lag keineswegs nahe: Das Russland des 19. Jahrhunderts erfüllte nämlich zentrale Voraussetzungen des marxistischen Gedankengebäudes nicht: Trotz erster Schritte zur Industrialisierung dominierte nach wie vor die Agrarwirtschaft das Land, von „Kapitalismus" ließ sich nur mit Einschränkun-

Gegen das autokratische Zarenregime begehrte 1825 erstmals eine Gruppe von Offizieren auf. Die sogenannten Dekabristen plädierten für eine konstitutionelle Kontrolle des Herrschers. Der neue Zar Nikolaus I. (1825–1855) ließ die Wortführer zum Tod verurteilen (Hinrichtung von Dekabristen an Bord des Schiffs „Großfürst Wladimir", Gemälde von 1979).

gen sprechen, eine große städtische Industriearbeiterschaft als Trägerin des Klassenkampfs zur Überwindung kapitalistischer Ausbeutung stand nicht zur Verfügung.

Die frühen Revolutionäre setzen ihre Hoffnung auf die Landbevölkerung

Diese sozioökonomische Lage des Russischen Reichs war auch dafür verantwortlich, dass die seit der Jahrhundertmitte anwachsende Gruppe revolutionär ausgerichteter Intellektueller ihre Hoffnungen und Aktivitäten vorwiegend auf jene Bevölkerungsgruppe konzentrierten, die, scheinbar unabänderlich, die überwältigende Mehrheit im Land darstellte – die Bauern. Trotz – oder gerade wegen – jener Reformen, die unter Zar Alexander II. eingeleitet worden waren – dazu zählten die epochale Aufhebung der Leibeigenschaft (1861) sowie die Einführung einer ländlichen Selbstverwaltung und eine wirksame Rechtsreform (jeweils 1864) –, nahm die radikale Kritik an der Autokratie und ihrer Sozialordnung unter Studenten und Intellektuellen seit den 1860er Jahren zu. Beeinflusst von publizistischen Persönlichkeiten wie Alexander Herzen (russisch: Gercen; 1812 – 1870; seit 1847 in der Emigration) oder Nikolai Tschernyschewski (1828 – 1889; seit 1864 in der Verbannung), fühlte sich eine wachsende Zahl junger Menschen zum aktiven Kampf für die „wirkliche" Befreiung der Unterschichten aus Armut und Benachteiligung berufen.

Während der Adelsabkömmling Herzen eine wichtige Figur in der frühen Phase des Suchens nach radikalen, sozialistisch orientierten Zukunftsperspektiven für Russland war, wurde der weniger duldsame Tschernyschewski nicht zuletzt über seinen legendären Roman „Was tun?" (1863) zur Leitfigur einer neuen Generation kompromissloser Gegner der russischen Autokratie. Anfang der 1860er Jahre wurde eine konspirative Organisation „Land und Freiheit" („Semlja i wolja") gegründet. Ihr Name war Programm, ging es den intellektuellen Verschwörern doch um die Erkämpfung der Freiheit für die Landbevölkerung. Da man von der fast sprichwörtlichen Trägheit der russischen Bauern wusste, mussten, so das Selbstverständnis, städtische Intellektuelle die erforderliche Revolutionsbewegung unter der ländlichen Bevölkerung anstacheln. Darüber, wie man die-

Der Anarchist Michail Bakunin (1814–1876) trat dafür ein, den Staat sowie alle politischen, sozialen und religiösen Institutionen abzuschaffen. Nach seiner Vorstellung sollten sich Bauern und Arbeiter in unabhängigen Zusammenschlüssen selbst organisieren.

Der deutschstämmige russische Philosoph, Schriftsteller und Publizist Alexander Herzen (1812–1870) setzte sich für die Reform des russischen Staats ein. 1847 verließ er Russland, um vom Ausland aus mit seinen Artikeln für mehr Demokratie in seiner Heimat zu werben.

ses Vorhaben zum Erfolg führen konnte, gingen die Meinungen auseinander. Eine diskutierte Möglichkeit, die freilich unter manchen Zirkelmitgliedern auch auf Ablehnung stieß, war brutaler Terror gegen die Vertreter der Autokratie.

1866 versuchte ein gewisser Dimitri Karakosow in einer unkoordinierten Aktion, Zar Alexander II. bei einem Spaziergang in St. Petersburg zu erschießen. Das missglückte Attentat ließ Alexanders Regierung nicht nur am begonnenen Reformkurs zweifeln, sondern rief auch strenge Reaktionen des Staats gegen seine neuen Feinde jüngerer Generation hervor. Führende Köpfe der revolutionären Bewegung flohen vor dem polizeilichen Zugriff ins Ausland. Dort konzipierten sie unterschiedliche Strategien, wie in möglichst naher Zukunft doch noch ein Umsturz in Russland verwirklicht werden könnte. Dabei prägten sich unterschiedliche Sichtweisen aus, die noch in den folgenden Jahrzehnten in zahlreichen Nuancen die Diskussionen unter Russlands revolutionären Vordenkern bestimmen sollten. Pjotr Lawrow (1823–1900) stand für das Konzept, dass Vertreter der Intelligenz die Bauern bilden, aufklären und auf die Fähigkeit zur Revolution hin vorbereiten sollten. Damit ließen sich „zwei Fliegen mit einer Klappe" schlagen: Die unwissende Bauernschaft würde eine zielgerichtete Anleitung erhalten, und die durch Bildung und bessere Lebensbedingungen privilegierte, oft aus dem Adel stammende Intelligenz könnte ihre Bringschuld gegenüber den Unterschichten erfüllen.

Michail Bakunin (1814–1876) dagegen glaubte an die revolutionäre Natur des russischen Volks. Von verfeinerten Intellektuellen konnte seiner Ansicht nach die russische Bauernschaft nicht viel lernen, was nicht bedeutete, dass die Intelligenz den Bauern nicht bei der Revolution zu helfen hatte. Denn genau dies schwebte dem radikalen Staatsgegner und Anarchisten Bakunin vor: die sofortige, von den Massen ausgehende Aktion zur Vernichtung des autokratischen Staats durch eine gewalttätige Erhebung von unten. In der Ungeduld war sich mit Bakunin auch Pjotr Tkatschow (1844–1886) einig. Auch er konnte den Umsturz kaum erwarten, setzte dabei jedoch auf die straffe Führung von Berufsrevolutionären aus der Bildungsschicht.

Ausgehend von den Überlegungen der führenden Köpfe, lassen sich zwei grundsätzliche Trennlinien in der russischen revolutionären Tradition ausmachen, die sich in ihren praktischen Konsequenzen freilich vielfach überschnitten: Die erste betraf die Rolle der Intelligenz gegenüber den Unterschichten bzw. die Frage, wer bei der Revolution die Führung zu übernehmen hatte; die zweite Trennlinie verlief zwischen dem Setzen auf (längerfristige) Bildung und Aufklärung einerseits und auf sofortige revolutionäre Aktion andererseits. In diese beschriebenen Konstellationen spielte noch die Streitfrage hinein, wie man es mit dem gezielten Terror gegen einzelne, herausgehobene Vertreter der Autokratie halten sollte. Wer auf erzieherische Vorbereitung der Massen setzte, hielt vom punktuellen Terror wenig, wer dagegen den sofortigen Umbruch wollte, hoffte auf die Signalwirkung erfolgreicher Mordanschläge.

Bis zur Bauernbefreiung durch Alexander II. war gerade die Landbevölkerung der Willkür der Herrschenden ausgesetzt. Dazu zählten drakonische Strafen wie das Auspeitschen (Stahlstich aus dem Bilder-Atlas zum Leipziger „Conservationslexikon" von 1849).

Haben die nichts zu tun? Studenten stoßen bei Dorfbewohnern auf Unverständnis

1874 entstand in Russland selbst, ohne großes Zutun der Exilanten, eine „Bewegung der Bewegten". Studenten, die sogenannten Narodniki („Volksfreunde" oder „Volkstümler"), strömten zu Hunderten aufs Land, um den Bauern ihre schlechte Lage und die Notwendigkeit, gegen sie anzukämpfen, klarzumachen. Der „Gang ins Volk" jener russischen Studenten, die meinten, den Bauern etwas Gutes tun zu müssen, wurde zum Fiasko. Was die jungen Leute von ihnen wollten, verstanden die meisten Dorfbewohner nicht. Warum waren diese Aktivisten gekommen? Hatten

Der gütige Herrscher und die demütigen Bauern: So stellte der Künstler Alexei Kiwtschenko 1880 in einem Aquarell die Bauernbefreiung von 1861 durch Zar Alexander II. dar. Die Reform veränderte das bäuerliche Leben und die Wirtschaftsweise nur in Teilen.

sie nichts Besseres zu tun? Und was redeten sie überhaupt für unverständliches Zeug? Von Sozialismus, Anarchie und Revolution? Davon, dass es keinen Zaren mehr geben dürfe? Wie sollte das möglich sein?

Die jungen Weltverbesserer wussten wenig über die Lebens- und Denkwelten der zur Errettung Auserkorenen. Sie hatten keine Vorstellung, wie sie sich den Bauern gegenüber verständlich machen konnten. Sie kamen – und sie störten. Man wollte mit ihnen nichts zu tun haben. So verwundert es nicht, dass zahlreiche Bauern ihre selbstberufenen Retter bei der Polizei anzeigten. Diese ging den Anzeigen gerne nach, zudem hatte man ohnehin schon durch Flugblätter Wind von der angelaufenen Aktion bekommen. Am Ende standen kollektive Gerichtsverfahren. Hunderte von „Partizipanten" wurden verhaftet, davon wiederum wurden beachtliche Teile abgeurteilt. Der Rest kehrte enttäuscht in die Städte zurück.

Folgenlos blieb der Einsatz der Narodniki dennoch nicht – das *narodnitschestwo*, ein gut gemeinter Populismus war geboren. Die Frage war nur, wie es mit diesem Kind der systemkritischen Intelligenzia weitergehen sollte. Die erneuerte Organisation „Land und Freiheit" spaltete sich Ende der 1870er vor dem Hintergrund der unterschiedlichen Lehren, die man aus dem Fiasko von 1874 zog, in zwei Gruppen: Während ein Teil der Aktivisten beharrlich auf Propaganda und Aufklärung unter den Bauern setzte und eher langfristig das Ziel einer „Schwarzen Umverteilung", so die Selbstbezeichnung der Gruppe, von Land und Boden zu erreichen hoffte, erblickte der andere Teil die einzige Chance auf radikalen Wandel im Terror, den es zu intensivieren galt.

Als es 1881 nach mehreren Versuchen endlich gelungen war, Kaiser Alexander II. mit einer Bombe zu zerfetzen, glaubte man, dem Ziel nahe zu sein – und erreichte doch nur das Gegenteil des Erhofften. Die Autokratie brach nicht zusammen, sondern zog die Zügel an: Das Volk erhob sich nicht, sondern betrauerte den „Zaren-Befreier", unter dessen Ägide schließlich die Leibeigenschaft aufgehoben worden war; die am Attentat Beteiligten wurden gefasst und hingerichtet.

Für manche revolutionär Gestimmte mochte die „falsche" Reaktion der ländlichen Bevölkerungsmehrheit ein weiterer Hinweis darauf sein, dass es nicht so einfach war, mit den Bauern Revolution zu machen. Andere hegten diesen Verdacht wohl schon länger, so auch der erwähnte, ebenfalls aus dem Umkreis des *narodnitschestwo* stammende Georgi Plechanow, womit wir wieder bei den Anfängen des Marxismus in der russischen revolutionären Bewegung sind.

Plechanow und seine Gruppe nehmen die Industriearbeiter in den Blick

Zusammen mit Pawel Axelrod (1850–1928) und Vera Sassulitsch (1849–1919) gründete Plechanow 1883 seine Gruppe „Befreiung der Arbeit", die – von Marx und Engels inspiriert – bei der Veränderung des politischen wie sozioökonomischen Systems nun nicht mehr primär auf die Bauern, sondern auf die Industriearbeiterschaft setzte, auch wenn diese in Russland noch schwach ausgebildet war. Doch das Marx'sche Konzept, die Geschichte bestehe aus einer Abfolge von Klassenkämpfen, die mit geradezu naturwissenschaftlicher Unausweichlichkeit zu jeweils neuen „Stadien" der historischen Entwicklung führen und am Ende der Skala den Idealzustand der kommunistischen Gesellschaft bringen würde, schien in jedem Fall vielversprechender, als vergeblich auf die selbstgenügsame Bauernschaft einzureden.

Mit Plechanows Schwenk zum Marxismus erwuchs den populistischen Vorstellungen eines russlandtypischen Agrarsozialismus beachtliche Konkurrenz. Nicht nur die Klientel der Revolution war eine andere, sondern auch die angestrebte historische Entwicklung. Während die auf eine Bauernrevolution setzenden Kräfte meinten, überhaupt ohne den Industriekapitalismus europäischer Prägung auskommen zu können, wurde die sozioökonomische Modernisierung des Landes für die marxistischen Denker rund um Plechanow geradezu zu einer unverzichtbaren Vorbedingung: Um zum Sozialismus zu gelangen, musste man den Kapitalismus überwinden dürfen.

Die Ausgangsbedingungen dafür schienen sich im Russland der 1890er Jahre durchaus in die richtige Richtung zu wandeln, befand sich die Wirtschaft doch in einem industriellen Boom, der das bis dahin gegenüber Deutschland oder England „rückständige" Agrarland aufholen ließ. Mit den Industrieunternehmen wuchs auch die Belegschaft – und damit die

Georgi Plechanow (1), Pawel Axelrod (2), Vera Sassulitsch (6) und ihre Mitstreiter setzten seit den 1880er Jahren auf die Befreiung der Arbeiterschaft – die Versuche, die russischen Bauern für sozialistische Ideen zu interessieren, waren aus ihrer Sicht gescheitert.

Der spätere Diktator Josef Stalin (1878–1953) schloss sich bereits 1898 der verbotenen „Russischen Sozialdemokratischen Arbeiterpartei“ an. Die Postkarte von 1908 zeigt ihn als Agitator bei einem Treffen mit Ölarbeitern in Baku, Aserbaidschan.

Hoffnung Plechanows und seiner Genossen, dass mit der russischen Arbeiterschaft über kurz oder lang doch Staat zu machen sei. Es fügt sich in dieses Bild, dass der kleine Kreis aus russischen Marxisten im Jahr 1898 den Versuch einer organisatorischen Institutionalisierung unternahm und in Minsk eine „Russische Sozialdemokratische Arbeiterpartei“ (RSDRP) aus der Taufe hob. Die ohnehin geringe Zahl der Deputierten wurde allerdings bald durch die Aktivitäten der Staatspolizei auf den harten Boden der Realität zurückgeholt – Parteien blieben in Russland bis 1906 verboten.

Auch in den 1890er Jahren und darüber hinaus dauerten die Auseinandersetzungen unter den revolutionären Intellektuellen an – dabei ging es unter anderem um Dispute über die notwendige Rolle ihrer selbst und das, was man von den Unterschichten an systemverändernder Aktivität erwarten konnte. Brauchte das Proletariat die Intelligenz, um die Befreiung zu erlangen? War dem Proletariat zuzutrauen, selbst Mittel und Wege zu finden, um zu passender Zeit revolutionär aktiv zu werden? Wie war es eigentlich um die Anliegen der Arbeiter bestellt, und wie war das zu beobachtende Interesse an materiellen Verbesserungen vor dem Hintergrund des großen Endziels einer veränderten Gesellschaftsordnung zu beurteilen? Lenkte das Bemühen um eine lebenswertere Gegenwart im Rahmen des Bestehenden womöglich vom entschlossenen Kampf um die Zukunft ab?

Es waren dies Fragen, die nicht nur die kleine Schar der russischen Sozialdemokraten quälten, sondern auch in der kontinental führenden deutschen SPD für Streit und Flügelbildung – „orthodoxe“ Marxisten um Karl Kautsky versus „Ökonomisten“ um Eduard Bernstein – sorgten. In Russland konnte die jeweilige Selbstpositionierung in diesem Fragenkomplex auch mit der eigenen Herkunft zusammenhängen: Wer selbst, wie Axelrod, aus „kleinen“, in materieller Hinsicht elenden Verhältnissen kam, mochte mehr Verständnis für die drängenden Wünsche der Arbeiter nach sofortiger Verbesserung der Arbeits- und Lebensbedingungen aufbringen. Gerade materiell wenig belastete Adelsabkömmlinge wie Plechanow oder später Wladimir Lenin waren schnell bei der Hand, um derlei Anliegen als kurzsichtig abzutun. Aus der Makroperspektive sei eine solche Politik Herumkurieren an Symptomen. Und die proletarische Klientel werde dadurch möglicherweise sogar eingeschläfert. „Kleine Lösungen“ könnten schädlich sein, da sie die erforderlichen „großen Lösungen“ hinauszögerten.

Kaderpartei oder Massenpartei? Der Konflikt um die Rolle der Sozialdemokratie

Wenn es zur Eigenaktivität der Arbeiterbewegung unter „gewerkschaftlichen" Vorzeichen unterschiedliche Ansichten bei den ersten russischen Sozialdemokraten gab, so galt das auch für die Frage, welche Rolle die Arbeiter denn in der neugegründeten Partei spielen sollten. Ob die RSDRP eine Massenpartei mit breiter proletarischer Mitgliedschaft, vergleichbar der deutschen SPD, sein sollte oder eine straff geführte, konspirativ agierende Kaderpartei aus Berufsrevolutionären, war nicht nur eine organisatorische, sondern auch eine programmatische Frage, über die sich die marxistischen Intellektuellen in hasserfüllte Auseinandersetzungen untereinander verwickelten. Wer, wie insbesondere Lenin, einer kleinen, schlagkräftigen Profipartei das Wort redete, stellte sich eine Revolution für die Arbeiterschaft vor, nicht durch die Arbeiterschaft. Umgekehrt hatten die Befürworter einer breitangelegten Mitgliederpartei mehr Zutrauen, dass die Arbeiter gerade auch durch die Integration in die Sozialdemokratie das nötige Bewusstsein, den entschlossenen Willen und die Befähigung ausbilden würden, auf die Revolution der Verhältnisse (und nicht nur ihre Verbesserung) hinzuarbeiten.

Der Streit über den Charakter der Partei und die angemessene Rolle der Arbeiter im politischen Revolutionsprozess wurde seit der Jahrhundertwende auf sehr grundsätzliche Art und Weise ausgetragen. Längst hatte sich Lenin zum Anführer derjenigen aufgeschwungen, die den Erfolg des sozialistischen Unterfangens nur bei exklusiver Führung durch die Intellektuellen gewährleistet sahen. Die Revolution musste seiner Ansicht nach durch die Partei gezielt herbeigeführt werden und konnte nicht „spontan" aus den Massen heraus entstehen. Daraus ergab sich für Lenin die Konsequenz, dass nur für Revolutionäre ein Platz in der Partei sein sollte, nicht aber für die durch die Revolution zu Befreienden. Seine „Fraktion" verhielt sich auf dem zweiten Parteitag der RSDRP im Sommer 1903 so aggressiv und kompromisslos, dass am Ende der dreiwöchigen Streitereien in Brüssel und London (man musste nach einer Woche vor der belgischen Polizei fliehen) die Spaltung der kleinen sozialdemokratischen Schar stand.

Durch eine mehr oder weniger zufällige Konstellation befanden sich die Anhänger Lenins in der entscheidenden Sitzung des Parteitags plötzlich in einer (dünnen) Mehrheitsposition gegenüber den Befürwortern der Konzeption einer integrativen Arbeiterpartei. Diesen Umstand nutzten Lenins Anhänger, um sich sogleich als „Bolschewiki" (Mehrheitler) zu stilisieren; die auf dem Parteitag unterlegene Gruppe, als deren Führungspersönlichkeit sich Julius Martow (Zederbaum; 1873–1923) herauskristallisiert hatte, ließ sich dagegen das Etikett der „Menschewiki" (Minderheitler) aufkleben, obgleich die Benennungen nicht die reale Kräfteverteilung unter den Anhängern der Sozialdemokratie in Russland widerspiegelten. Den beteiligten Zeitgenossen dürfte dies nicht als besonders problematisch erschienen sein, schließlich hielt man die Spaltung für eine Art Momentaufnahme eines Parteitags, deren Dauerhaftigkeit man sich 1903 ebenso wenig vorstellen konnte wie die Tatsache, dass es weniger als 14 Jahre später fast über Nacht zum angepeilten Systemwechsel in Russland kommen sollte.

Dennoch waren mit der Parteispaltung zumindest formell die Grundlagen für den „Bolschewismus" gelegt. Die Partei firmierte, je nach Flügelzugehörigkeit, als RSDRP (b) oder RSDRP (m). Dabei waren, so sollte die Entwicklung des folgenden Zeitraums bis

Julius Martow (1873–1923) wurde 1903, als sich die „Russische Sozialdemokratische Arbeiterpartei" bei ihrem zweiten Parteitag in zwei Fraktionen spaltete, zum Sprecher der sogenannten Menschewiki („Minderheitler").

ins Jahr 1917 hinein zeigen, die Menschewiki die „besseren“, in jedem Fall authentischeren Marxisten. Denn sie hielten konsequent am Marx'schen Konzept fest, dass eine sozialistische Ordnung die Überwindung des kapitalistischen Stadiums voraussetze. In Russland Revolution zu machen, bevor sich der Kapitalismus voll entfaltet hatte, hatte demnach keinen Sinn. Lenin dagegen nahm es mit der „Konzeptionstreue“ gegenüber Marx nicht so genau: Revolutionäre Situationen konnten für ihn durchaus aus unterschiedlichen Konstellationen heraus entstehen, um künstliche Verzögerungen brauchte man sich jedenfalls nicht zu bemühen.

Marxisten in den Fabriken sind pragmatischer als die Parteizirkel

In den Städten Russlands blieb Lenin mit seiner elitären Haltung den Arbeitern in aller Regel noch fremder, als es die nickelbebrillten Intellektuellen, die über marxistische Gesetzmäßigkeiten diskutierten, ohnehin waren. Wenn überhaupt, erreichten die Menschewiki mit ihrem eingängig artikulierten Verständnis für die drängenden Anliegen der Arbeiter größere Resonanz als die Bolschewiki. Generell waren die Anhänger der Marxisten im Umkreis der russischen Fabriken deutlich pragmatischer als die Intellektuellen in den verrauchten Hinterzimmern zwischen Genf und Brüssel. Zu diesem Pragmatismus gehörte auch, dass man die Spaltung der Partei in den Untergrundaktivitäten vor Ort meist ignorierte. In den Fabriken war man daran interessiert, eine starke, einige Bewegung zu bilden, die sich nicht in Streitereien verzettelte, sondern Konkretes erreichen wollte.

Das bedeutet übrigens nicht, dass die Lenin'schen Befürchtungen, die Arbeiter würden sich mit Brosamen zufriedengeben und keine weitergehenden Ambitionen hegen, zutreffend gewesen wären. In St. Petersburgs Metallindustrie etwa bildete sich in der ersten Dekade des 20. Jahrhunderts durchaus eine Revolutionskultur aus, zu der auch die Rezeption marxistischer Thesen zählte. Dabei kooperierte man über die Parteigrenzen hinweg: Die Spaltung der RSDRP wurde vor Ort überspielt; worüber genau sich die Parteiführer stritten, verstand man mehrheitlich ohnehin nicht.

Oft hing es auch von einer einzelnen, überzeugenden Persönlichkeit in der engeren Umgebung ab, ob man sich als Menschewik oder als Bolschewik definierte – als allzu wichtig wurde diese Positionierung ohnehin nicht eingeschätzt. Und auch die messerscharfe Abgrenzung gegenüber anderen revolutionären Strömungen war vor allem eine Sache der jeweiligen Partei- oder Zirkeleliten. Am Schauplatz des Geschehens hatte man etwa wenig Berührungsängste jenen politischen Kräften gegenüber, die nach wie vor das russische Bauerntum als Kern der arbeitenden und von ungerechten Lebensbedingungen zu befreienden Bevölkerung betrachteten. Da die meisten Arbeiter ohnehin vom bäuerlichen Land zugewandert waren und in aller Regel noch enge Verbindungen „nach Hause“ pflegten, war die Unterscheidung von Bauern und Arbeitern in der Realität weniger prinzipiell als in den Parteiprogrammen.

Auch jene Kräfte des alten, auf die Bauern setzenden *narodnitschestwo* hatten sich um die Jahrhundertwende im Untergrund institutionell konsolidiert. 1901/02 war in einem mehrstufigen Vereinigungsverfahren aus neopopulistischen Zirkeln die Partei der Sozialrevolutionäre (PSR oder auch nur SR) entstanden. Diese setzte weiterhin auf die Bauern als mehrheitliche Träger einer künftigen demokratischen, egalitären Gesellschaftsordnung. Allerdings hatten die sozioökonomischen Veränderungen Russlands sowie die zunehmende Aufmerksamkeit, die marxistische Vorstellungen in Europa, in der russischen Emigration und in Russland selbst fanden, auch die eigentlich auf eine agrarische Klientel ausgerichteten SR angeregt, die in den Fabriken tätigen Unterschichten in die eigene Programmatik zu integrieren. Zudem suchten die Sozialrevolutionäre im gemeinsamen Interesse vor Ort die Kooperation mit den marxistisch orientierten Sozialdemokraten.

Neben den fortbestehenden prinzipiell-programmatischen Unterschieden vor allem bei der Betonung der Landfrage gegenüber dem industriekapitalistisch bedingten Klassenkampf hatte ein Teil der SR immer noch die Neigung, auf individuellen Terror gegen Spitzenvertreter der Autokratie zu setzen – im Unterschied zu Russlands Marxisten. Das Revolutionsjahr 1917 freilich sollte für beide revolutionären Strömungen so große Überraschungen, Perspektiven und Herausforderungen bieten, dass ein Zusammenwirken unabdingbar war.

PD Dr. Matthias Stadelmann, geb. 1967, ist seit 2010 Privatdozent für Osteuropäische und Neuere Geschichte an der Universität Erlangen-Nürnberg. Zuletzt vertrat er 2015/16 den Lehrstuhl für Osteuropäische Geschichte an der Ruhr-Universität Bochum.

Die Revolution vor der Revolution

Der Fall der Monarchie

Matthias Stadelmann

Eine breite Bewegung der Unzufriedenheit brachte im Februar 1917 die russische Monarchie zu Fall. Zar Nikolaus II. musste Anfang März abdanken. Konservativ-liberale Kräfte und die bereits zum Teil in „Sowjets" (Räten) organisierte Arbeiterschaft bildeten eine provisorische Regierung.

Vor dem Anitschkow-Palais gaben im Februar 1917 Demonstranten ihre Sympathie für die neuen politischen Verhältnisse kund: „Lang lebe die demokratische Republik und die konstituierende Versammlung", so lautete die Aufschrift auf dem Transparent.

Die eigentliche „Revolution vor der Revolution" fand bereits 1905/06 statt. Von der Historiographie wurden jene Ereignisse gelegentlich, einem Diktum Lenins folgend, als „Generalprobe" für 1917 bezeichnet, was selbstredend eine ahistorische, nur aus dem Nachhinein heraus denkbare Etikettierung darstellt. Unstreitig ist jedoch, dass die „Revolution von 1905", ob man sie nun als gescheitert ansieht (im Sinn einer Umwälzung von Staat, Wirtschaft und Gesellschaft) oder als erfolgreich (im Sinn einschneidender Veränderungen, die sie dem Russischen Reich gebracht hatte), für den Gang der Ereignisse im Jahr 1917 bedeutsame Voraussetzungen geschaffen hat.

Die gesellschaftlichen Erhebungen des Jahres 1905 entstanden vor dem Hintergrund einer zunehmenden Unzufriedenheit bei Angehörigen der gebildeten Gesellschaft, aber auch der Petersburger Arbeiter. Die materiellen wie mentalen Belastungen des für Russland unglücklich verlaufenden Kriegs gegen Japan (seit Februar 1904) taten dabei ihr Übriges, um gesellschaftliche Wünsche nach politischer Veränderung akut werden zu lassen.

Zum Fanal für die schwersten inneren Herausforderungen der russischen Autokratie seit 300 Jahren wurde der „Blutsonntag" des 9. Januar 1905, als das Militär in einer Mischung aus Angst, Überforderung und Entschlossenheit auf einen aus Zehntausenden bestehenden friedlichen Demonstrationszug, dessen Anführer Nikolaus II. eine Petition mit politischen wie ökonomischen Forderungen übergeben wollten, das Feuer eröffneten. Der Kaiser – strenggenommen gab es staatsrechtlich seit 1721 keinen „Zaren" mehr; der Monarch nannte sich nun „Imperator" – zeigte sich danach wie immer uneinsichtig. Er „verzieh" den Arbeitern ihre vermeintliche dreiste Unbotmäßigkeit und sorgte mit derlei von der allgemeinen Stimmungslage und der sozioökonomischen Realität abgehobenen Positionierungen für eine (weitere) massive Diskreditierung der Autokratie.

Die folgenden Monate sahen Russland im Aufruhr: Arbeiter streikten und organisierten sich

Als sich 1905 erstmals die Unzufriedenheit in Russland in Streiks und Demonstrationen entlud, reagierte das Regime mit Gewalt – Höhepunkt war der „Blutsonntag" des 9. Januar 1905. Diese Illustration in der französischen Zeitschrift „Le Petit Journal" zeigt Kosaken, die über Demonstranten herfallen.

zum ersten Mal in „Räten" (russisch: *sowjety*, im Singular *sowjet*), Bauern rebellierten auf dem Land, die „Mittelklasse" aus Intelligenz, Bürgerlichen und liberalen Adligen distanzierte sich wie nie zuvor von Zar und Autokratie, manche Nationalitäten an den Peripherien des Reichs entfalteten gewalttätige Aktivitäten – eine immense Politisierung griff in der Bevölkerung um sich. Selbst in Regierung und Dynastie hatte sich bis Herbst 1905 die Einsicht durchgesetzt, dass Reformen nötig seien, um die Monarchie zu retten.

Schon beim Aufruhr im Jahr 1905 gibt die Autokratie widerwillig einigen Boden preis

Am 17. Oktober 1905 erließ Nikolaus II. widerwillig ein Manifest, welches die Gewährung bürgerlicher Freiheiten und eines gewählten Parlaments (Duma) in Aussicht stellte. Dieser scheinbare Triumph der Revolution befriedigte die gemäßigten gebildeten und wohlhabenden Kreise – und feuerte die Unterschichten weiter an. Die Autokratie sah sich gezwungen, gegen eine zunehmend selbstbewusste Radikalisierung von Arbeitern, aber auch von Bauern vorzugehen. Seit Ende 1905 wurden Unruhen und politische Kompetenzanmaßungen, etwa durch den Moskauer Arbeiterrat, mit entschlossener Gewalt durch die Staatsorgane beantwortet. Die Zusagen vom Oktober freilich wurden eingehalten, wenngleich die unterschiedlichen Trägergruppen der Revolution sich von den neuen Grundgesetzen des April 1906 mehr erwartet hätten. Insbesondere die weiterhin außerordentlich starke Position des Zaren in Exekutive und Legislative rief Kritik hervor, ebenso das ungleiche und große Bevölkerungsteile (unter anderem Frauen, Studenten und Soldaten) ausschließende bzw. benachteiligende Wahlrecht zur Duma. Dass Nikolaus II. diese ganze Entwicklung für einen Irrweg hielt, zu dem ihn gewissenlose Verräter gezwungen hätten, war für die Anfänge des Konstitutionalismus in Russland ohnehin eine Hypothek.

Doch trotz fortgeführter Bemühungen von Seiten der kaiserlichen Regierung, die neuentstandenen gesellschaftlichen Mitwirkungsmöglichkeiten an der Politik so effektiv wie möglich zu unterlaufen oder im eigenen Sinn zu kanalisieren – Russland hatte seit 1905/06 sein Antlitz verändert. Die Autokratie war nicht mehr, auch wenn sich Nikolaus II., dessen Begrenztheit als Visionär sich allen offenbart hatte, weiterhin als Autokrat fühlte und versuchte, Mechanismen autokratischer Politikgestaltung zu benutzen. Die Gesellschaft, zumindest Teile von ihr, war in die Politik des Reichs eingebunden, politische Aktivität war legal geworden, Kritik an der Autokratie war keine Majestätsbeleidigung mehr, sondern wurde zum parlamentarischen Alltag.

Zudem war eine Mehrparteienlandschaft von ganz rechts bis ganz links entstanden, innerhalb derer es klugen Ministerpräsidenten (auch dieses Amt war neu) gelang, Mehrheiten für die Regierung zu mobilisieren, innerhalb derer freilich auch die sozialistische Linke – bei aller wahlrechtlichen Benachteiligung ihrer Klientel – einen gewaltigen Aufschwung an Selbstbewusstsein nahm. Wie prägend die Geschehnisse der Revolution von 1905 für die sozialistische Arbeiterbewegung waren, sollte sich gut elf Jahre später, im Februar 1917, daran zeigen, dass auf die Organisationsform des „Arbeiterrats" zurückgegriffen wurde.

Der Erste Weltkrieg überfordert das große Land auf allen Ebenen

Zu den Ereignissen von 1905 war es im Kontext eines belastenden und erfolglosen Kriegs gegen Japan gekommen. Seit 1914 tobte ein Krieg, der für das Russische Reich noch um ein Vielfaches belastender war. Die allgemeineuropäische patriotische Euphorie von 1914 verflog auch in Russland schnell, die militärischen Entwicklungen liefen für die russische Armee eher schlecht, die Verluste waren hoch, die Anstrengungen enorm und die Entbehrungen nicht nur der Soldaten, sondern auch der Zivilbevölkerung groß. Wie die Armee war auch die Wirtschaft für diesen belastenden, allumfassenden Krieg schlecht gerüstet. Dadurch, dass die Front auf allen Sektoren Priorität hatte, ergaben sich für die Bevölkerung im Hinterland immense Versorgungsprobleme, insbesondere in den großen Städten und gerade auch im geographisch ja für Russland am Rand gelegenen Petrograd, wie St. Petersburg seit Kriegsausbruch sprachlich entgermanisierend hieß. Es gab zu wenig zu essen, Brennstoff war Mangelware, eine galoppierende Inflation machte elementare Dinge zuerst für Ärmere, bald auch für Bessergestellte unerschwinglich.

Die staatlicherseits 1916 eingeführte Lebensmittelrationierung wurde in der Praxis chaotisch und unbefriedigend umgesetzt. Leidtragende waren vor allem die städtischen Unterschichten. So wuchsen die – vor allem durch schiere Not moti-

Das US-Satiremagazin „Judge" skizzierte 1906 die Lage des Zaren, der Brandgeruch wahrnimmt: Auf der linken Seite zündelt ein Anarchist, rechts erweist sich das vom Herrscher unter Druck zugestandene Parlament, die Duma, als Sprengsatz.

THE CZAR—"DO I SMELL SOMETHING BURNING?"

Die Welt, wie der Zar sie sah: Nikolaus II. in traditioneller russischer Tracht auf dem Thron (Foto vom Februar 1903, kurz vor einem kaiserlichen Ball).

vierten – Arbeiterstreiks in Zahl und Dimension kontinuierlich an. Höhepunkte erreichte diese Ausstandsbewegung im harten Winter 1916/17: Am 9. Januar 1917 protestierten, symbolträchtig am Jahrestag des „Blutsonntags" von 1905, in Petrograd über 140 000 Arbeiter und legten das Leben in den Arbeitervierteln weitgehend lahm. Im Februar folgten weitere Streiks in unterschiedlichen Betrieben, am 23. Februar, dem Internationalen Frauentag (im 1918 auch in Russland eingeführten gregorianischen Kalender der 8. März), entschieden sich auch die weiblichen Belegschaften verschiedener Textilfabriken, auf die Straße zu gehen. Ihre Motivation war elementar: „Brot" hieß der Schlachtruf ihrer Demonstration. Dem Protest der Arbeiterinnen gesellten sich bald Metallarbeiter hinzu, bis zum Abend wuchs die protestierende Menge auf Zehntausende an, wobei sich die Stimmung erkennbar zu politisieren und zu radikalisieren begann: Rote Fahnen und gegen die Autokratie gerichtete Losungen ergänzten die materiellen Forderungen, Vandalismus und Plünderungen ließen keinen Zweifel daran, dass die Lage ernst war.

In den folgenden Tagen setzte sich das Ganze fort, um die 200 000 Streikende sollen es auf Petrograds Straßen gewesen sein. Zunehmend schwappte die Protestbewegung vom klassischen, nördlich des Zentrums gelegenen Industriestadtteil („Wyborger Seite") auch auf andere Stadtbezirke über, nicht nur auf die Fabrikgebiete an der südlichen Peripherie, sondern auch auf das bürgerlich-adlige Herz von Russlands Hauptstadt. Für den 26. Februar kursierten bereits Zahlen von rund 400 000 zu erwartenden Protestierenden.

In der Zwischenzeit war aus dem Hauptquartier der russischen Fronttruppen, deren Oberbefehl Kaiser Nikolaus II. 1915 übernommen hatte, die Anweisung zur Beendigung des Spuks in Petrograd eingetroffen. Dies bedeutete, dass sich die Demonstranten seit dem 26. Februar mit Polizei und Armeetruppen konfrontiert sahen, die auch vor dem Schusswaffengebrauch nicht haltmachten. Genau hier war der Scheitelpunkt der Petrograder Februarunruhen erreicht: Sowohl der Regierung als auch den Protestierenden schien es, als ob der massive Einsatz bewaffneter Ordnungskräfte die Angelegenheit erledigen würde.

Doch plötzlich regte sich unter den in der Hauptstadt zahlreich stationierten Soldaten Widerstand gegen die Einsatz- und Schießbefehle. Viele Soldaten konnten die demonstrierenden Arbeiter verstehen, nicht nur, weil man aus ähnlichen Verhältnissen stammte, sondern auch, weil die Soldaten ihrerseits unzufrieden waren: über den Krieg, über die Perspektive, an die Front abkommandiert zu werden, oder über die oft herablassende, entwürdigende Behandlung durch ihre adligen Offiziere.

Seit dem 27. Februar solidarisierten sich immer mehr Soldaten mit den Demonstranten, sie verweigerten den befohlenen Einsatz, gingen gegen ihre Kommandeure vor und liefen – mit ihren Waffen – zur Gegenseite über. In der Stadt brach nun völliges Chaos aus, die bewaffneten Aufständischen stürmten Gefängnisse, Polizeiwachen und Waffendepots und brachten ganze Stadtviertel unter ihre Kontrolle. In dieser Tatsache lag ein wesentlicher Unterschied zu den Ereignissen von 1905, die ja ebenfalls schon beträchtliches Revolutionspotential entfaltet hatten –

die Armee war damals in weitesten Teilen loyal gegenüber der Autokratie geblieben. 1917 aber fanden sich in Petrograd nur noch wenige, die sich für das überkommene System eingesetzt hätten. Nikolaus II. hatte sich und die Politik der Autokratie in den zurückliegenden zehn Jahren so sehr diskreditiert, dass seine Herrschaft unter den enormen Belastungen des Kriegs zusammenbrach.

Staatsstreich: Der Zar kann und will nicht – also müssen andere Gruppen die Krise lösen

In jenen chaotischen Petrograder Tagen Ende Februar/Anfang März 1917 lassen sich drei Ebenen verfolgen, auf denen versucht wurde, die problematische Situation zu lösen. Betrachten wir zunächst die kaiserlich-staatliche Ebene: Für Nikolaus II. stellten die Petrograder Ereignisse eine unerträgliche Unbotmäßigkeit dar, gegen die mit autokratischer Gewalt vorzugehen sei. Die Tätigkeit von Duma und Staatsrat wurde unterbrochen, und da die in der Hauptstadt mit der Niederschlagung der Unruhen beauftragten Truppen offensichtlich nicht mit der Sache fertig wurden, gab man weiteren Einheiten den Befehl, auf Petrograd zu marschieren.

Die dringenden Telegramme aus der Hauptstadt, in denen etwa der Duma-Präsident Michail Rodzjanko (1859–1924), aber auch Großfürst Michail Alexandrowitsch, der Bruder des Zaren, händeringend um politische Zugeständnisse baten, durch die dem Protest der Wind aus den Segeln genommen werden könnte, wurden ignoriert oder abschlägig beschieden. Der „dicke Rodzjanko" habe ihm irgendeinen „Quatsch" telegrafiert, der nicht einmal einer Antwort wert sei, äußerte Nikolaus gegenüber seiner Umgebung im Hauptquartier. Stattdessen entschied der Kaiser, sich selbst auf den Weg nach Petrograd zu machen, um mit loyalen Armeeeinheiten von nicht zu unterschätzender Zahl der ganzen Revolution ein Ende zu bereiten. Doch Nikolaus kam vom weißrussischen Mogiljow nur bis ins nordwestrussische Pskow, wo er im Hauptquartier der Nordfront von den Petersburger Ereignissen überrollt wurde.

Als der Kaiser endlich bereit war, die seit Tagen angemahnte Forderung nach einem verantwortlichen Ministerium, welches das Vertrauen der Bevölkerung genieße, zu erfüllen, war es zu spät. Diese Art von herrscherlichem Entgegenkommen

Als sich am 27. Februar 1917 die Soldaten mit den Demonstranten solidarisierten, war es um die alte Herrschaft geschehen. Auf dem Foto posieren Militärs gemeinsam mit Zivilisten.

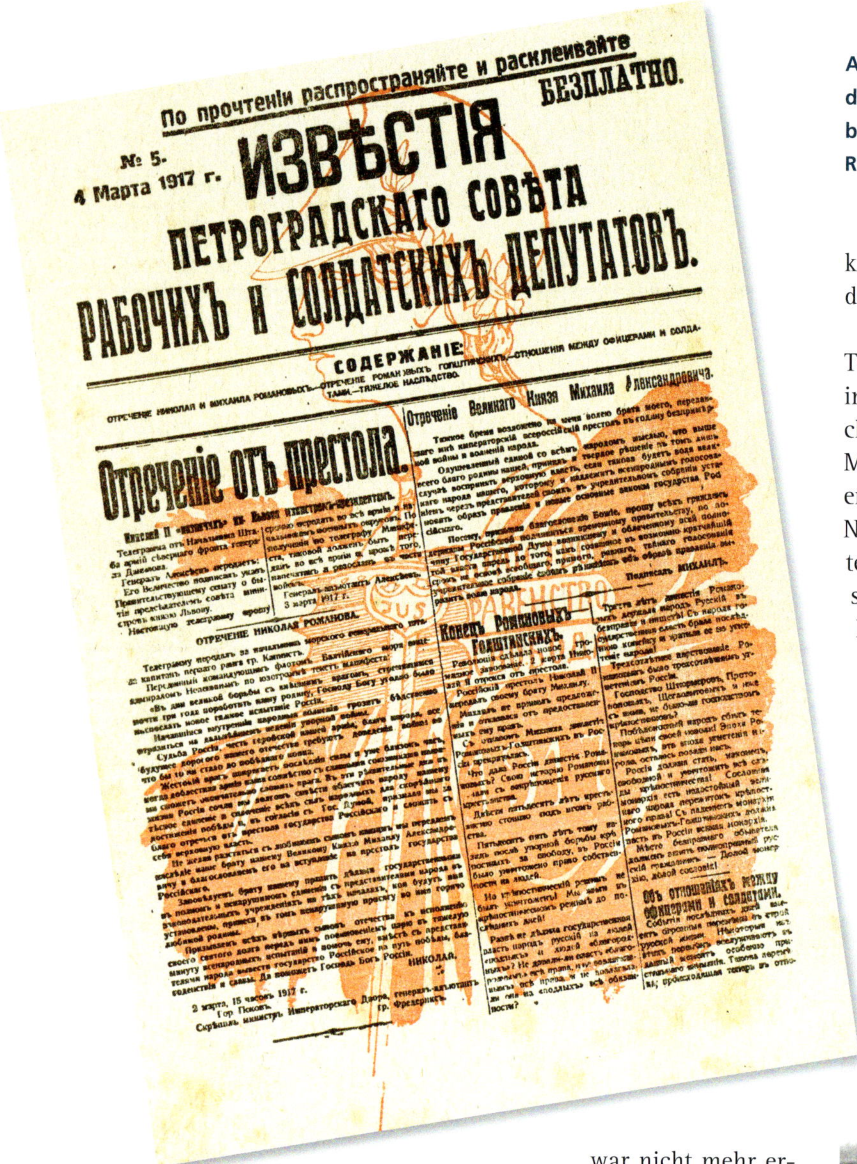
По прочтенiи распространяйте и расклеивайте
БЕЗПЛАТНО.
№ 5.
4 Марта 1917 г.
ИЗВѢСТIЯ
ПЕТРОГРАДСКАГО СОВѢТА РАБОЧИХЪ И СОЛДАТСКИХЪ ДЕПУТАТОВЪ.
СОДЕРЖАНIЕ:
Отреченiе отъ престола.
Отреченiе Великаго Князя Михаила Александровича.
ОТРЕЧЕНIЕ НИКОЛАЯ РОМАНОВА.
Подписалъ: МИХАИЛЪ.
Конецъ Романовыхъ-Гольштинскихъ.
Объ отношенiяхъ между офицерами и солдатами.
НИКОЛАЙ.

Auf einer Postkarte ist das Nachrichten-Bulletin abgebildet, mit dem die Abdankung des Zaren bekanntgegeben wurde. Am 2. März 1917 endete die Herrschaft der Romanows.

war nicht mehr erforderlich, die Revolution hatte sich selbst geholfen. Wenn die Dynastie an der Spitze des Staats überhaupt noch zu retten war, dann war, so ließ sich Petrograd vernehmen, eine sofortige Abdankung des Zaren zugunsten seines (minderjährigen) Sohns unumgänglich, Kaiserbruder Michail müsse dann die Regentschaft übernehmen. Dass die Generäle diese Einschätzung teilten, gab wohl beim Kaiser den Ausschlag. Ob es die Einsicht in die Aussichtslosigkeit monarchischer Konzeptionen, väterliche Liebe oder schlicht das Gefühl war, die „Schnauze voll“ zu haben – Nikolaus II. dankte am 2. März nicht nur für sich, sondern auch für seinen zwölfjährigen, kranken Sohn Alexei ab und bestimmte seinen Bruder Michail zum Thronerben.

Doch der als Nachfolger Benannte winkte einen Tag später ab: Vornehmliches Motiv war, dass ihm in der aufgeheizten Atmosphäre niemand persönliche Sicherheit garantieren wollte. Freilich hatte sich Michail niemals zur politischen Gestaltung gedrängt, er war genauso wenig ein „Macher“ wie sein Bruder Nikolaus, und innerhalb der Romanow-Familie hatte er ohnehin aufgrund seiner morganatischen (nicht standesgemäßen) Eheverbindung einen üblen Ruf. Dass er einst den Thron besteigen könnte, hatte für ihn wohl schon lange außerhalb des Vorstellbaren gelegen. So verwundert es nicht, dass Michail sich in jener kritischen Situation nicht nach vorne drängte. Allerdings zog er sich mit seiner Verlautbarung, in dem Fall zur Verfügung zu stehen, dass sich das russische Volk mittels einer verfas-

Nikolaus II. mit seinem Sohn Alexei, Jahrgang 1904, dem Thronfolger (undatiertes Foto).

Im August 1915 plädierte die russische Duma für die Fortsetzung des Kriegs. Als sich jedoch die Mehrheit der Abgeordneten zu einem fraktionsübergreifenden „Progressiven Block" zusammenschloss und Reformen forderte, vertagte der Zar das Gremium.

sunggebenden Versammlung für eine monarchische Staatsform entscheiden sollte, elegant aus der Affäre.

In der Zwischenzeit hatten in Petrograd notgedrungen parlamentarische Kreise Verantwortung für die Lösung der Krise übernommen – wir sind damit bei der zweiten Ebene politischer Gestaltung während der Februarrevolution. Unter den Duma-Abgeordneten, egal welcher Couleur, hatte sich schon während der Kriegsjahre Unmut angestaut, fühlte man sich doch in der für das Vaterland und die Bevölkerung so schwierigen Lage von Seiten der Regierung ausgebremst und behindert.

Doch obwohl die Grundhaltung unter den Abgeordneten zu Beginn des Jahres 1917 handlungsbereit angespannt war, agierten die Duma-Mitglieder im Moment des Aufruhrs, als der Ernstfall der Order zur Auflösung des Parlaments eintrat, zögerlich. Offen Widerstand gegen die Anordnung des Zaren zu leisten, war die Sache insbesondere der konservativen und liberalen Deputierten nicht. Zwar hatte man in den vergangenen Jahren bis zur Verzweiflung für einen größeren politischen Gestaltungsspielraum und gegen die autokratische Willkür des Herrschers, seiner Gattin und der Günstlinge des Hofs gekämpft, doch das Ziel war eine Gewichtsverschiebung innerhalb des bestehenden Systems gewesen, nicht eine

Neue Zeiten: Bei der ersten Sitzung der Duma nach Antritt der Provisorischen Regierung sprachen die Redner vor einem leeren Rahmen – das Porträt des Zaren war abgehängt worden.

Alexander Kerenski (Mitte, 1881–1970) von der Partei der Sozialrevolutionäre trat im März 1917 als Justizminister in die Provisorische Regierung ein. Im Mai übernahm er das Kriegsministerium, im Juli wurde er Ministerpräsident.

womöglich unbeherrschbare Revolution, die sich mit anarchischer Gewalt Bahn brach.

Am Nachmittag des 27. Februar, als die gewohnte Ordnung in Petrograd unter den aufständischen Massen sichtbar zusammenbrach, wagte es ein Drittel der Abgeordneten, sich zu einer als „privat“ deklarierten Versammlung am Sitz der Duma zu treffen. Nach langen Diskussionen entschied man, ein „Provisorisches Komitee der Staatsduma“ zu gründen, welches es sich zur Aufgabe machen sollte, die öffentliche Sicherheit und Ordnung wiederherzustellen. Im Komitee saßen zehn Mitglieder der liberalen, gemäßigt-konservativen und linken Parteien, zum Vorsitzenden wurde der bisherige Duma-Präsident Rodzjanko bestellt. Dieser informierte am 1. März per Telegramm den Zaren, dass der bisherige Ministerrat abgesetzt und die Regierungsgewalt auf das Provisorische Komitee übergegangen sei.

Der Mehrzahl der politisch und juristisch gebildeten Duma-Abgeordneten dürfte bewusst gewesen sein, worauf man sich damit einließ: Die Absetzung einer legitimierten Regierung per Federstrich und das konstitutionell nicht legitimierte An-sich-Nehmen der Regierungsmacht war, auch wenn diese in jenem Augenblick geradezu auf der Straße lag, nichts weniger als ein Staatsstreich. Die anfängliche Zögerlichkeit der Deputierten, die unablässigen Versuche Rodzjankos, den Zaren zum Entgegenkommen zu bewegen, erklären sich – neben der allgemeinen Überraschung über den Gang der Ereignisse – gerade auch aus diesen staatsrechtlichen Konstellationen. Freilich wurde den Komitee-Mitgliedern schnell klar, dass sie mit ihrer Entscheidung, Verantwortung für Hauptstadt und Land zu übernehmen, keineswegs zu früh kamen.

Parallel zu den Entwicklungen im Umkreis der Staatsduma hatte sich nämlich eine zweite Institution gebildet, die bereit und fähig war, in Petrograd politische Verantwortung zu übernehmen. In Anknüpfung an Organisationsformen der Revolution von 1905 war, ebenfalls am 27. Februar, ein „Rat der Arbeiterdeputierten“ entstanden. Dies stellte die dritte, die hauptstädtisch-proletarische Ebene politischer Gestaltung in jenen Tagen dar. Die Vorbereitungen zur Einberufung des Rats hatte ein „Provisorisches Exekutivkomitee“ eingeleitet, in dem sich Angehörige der sozialistischen Parteien, der Gewerkschaften und anderer Arbeiterorganisationen zusammenfanden. Man veröffentlichte am Nachmittag einen

Wahlaufruf an die Arbeiter der Stadt, damit diese nach festgelegten Regeln (vorgesehen war ein Deputierter pro Fabrik, bei großen Fabriken ein Deputierter pro 1000 Beschäftigte, Soldaten wählten einen Deputierten pro Kompanie) bereits für den Abend Abgeordnete wählen sollten.

Angesichts dieser Kurzfristigkeit überrascht es nicht, dass die erste Sitzung des Arbeiterrats recht improvisiert wirkte, nur ein kleiner Teil der möglichen Deputierten überhaupt erschien und die wahlrechtliche Legitimation derselben in vielen Fällen mehr als zweifelhaft war. Diese Umstände taten freilich der kochenden Aufbruchsstimmung keinen Abbruch. Die anwesenden Deputierten wählten einen Vorsitzenden samt zwei Stellvertretern – die Sozialisten Nikolai Tschcheidse (Vorsitzender; 1864–1926) und Matwei Skobelew (1885–1938) aus den Reihen der Menschewiki sowie Alexander Kerenski (1881–1970) aus der „Gruppe der Arbeit" (*Trudowaja Gruppa*), einer kleinen sozialrevolutionären Partei, und legitimierten das Exekutivkomitee des Rats als ihr ständiges Vertretungsorgan. Die Wahl der Vorsitzenden weist bereits darauf hin, wer im Rat den Ton angab – es war der gemäßigte Flügel der russischen Sozialisten, jene „Minderheitler" (Menschewiki), die auf dem Parteitag von 1903 gegen Lenins Anhänger zahlenmäßig unterlegen waren. In der Zwischenzeit hatten sie sich jedoch zur wichtigsten politischen Kraft in Russlands Arbeiterwelt entwickelt und stellten die parteiinternen „Mehrheitler" (Bolschewiki) längst in den Schatten.

Die kurzfristigen Anliegen des Exekutivkomitees des Arbeiterrats waren denen des Duma-Komitees ganz ähnlich: Es ging um die Wiederherstellung von Ordnung und Sicherheit in der Stadt, um die Verbesserung der Versorgungslage, um die Gewährleistung eines halbwegs funktionierenden öffentlichen und wirtschaftlichen Lebens, insbesondere was die Belange von Industrie und Arbeitern anging. Auch in den längerfristigen Zielsetzungen waren sich Arbeiterrat und Duma-Komitee in einem sehr wesentlichen Punkt einig: Das Land bedurfte einer verfassunggebenden Versammlung (Konstituante), die auf der Grundlage allgemeiner und gleicher Wahlen zusammenkommen sollte. Bis dahin wollte es sich der Sowjet zur Aufgabe machen, für die „Sicherstellung der politischen Freiheit" und eine „Volksregierung" zu kämpfen.

Der Petrograder Rat wurde sehr schnell modellbildend für alle größeren und mittleren Städte Russlands. Bis Mai hatten sich bereits 400 Räte gebildet, im August waren es 600, im Oktober 1917 sogar schon 900 Räte im ganzen Land. Im Juni wurde ein erster landesweiter Sowjetkongress abgehalten, auf dem mehr als 1000 Delegierte an die 20 Millionen Wähler repräsentierten.

Bürgerlich-liberale und proletarische Kräfte sind aufeinander angewiesen

Doch zurück zur Februarrevolution: Es wurde schnell unvermeidlich, dass beide Sphären des politischen Wandels, die bürgerlich-parlamentarische und die basisdemokratisch-proletarische, aufeinandertrafen. Dabei erkannte man beiderseits, dass man des jeweils anderen bedurfte. Für das Duma-Komitee waren die rebellierenden Unterschichten der Stadt ohne den von diesen als Interessenvertretung akzeptierten Sowjet kaum unter Kontrolle zu bringen, und die Sowjetvertreter ihrerseits hatten weder Kontakte zu Militär und Staatsverwaltung noch irgendeine „Ahnung" von den Staatsgeschäften. Zudem konnten sie bei allem revolutionären Enthusiasmus nicht absehen, wie sich die Dinge entwickeln würden – die Revolution war im Begriff, in Petrograd zu siegen, aber was war mit dem restlichen Land? Was war mit den Bauern, was mit den Soldaten? Wie sollte es überhaupt weitergehen, mitten im Krieg? In jedem Fall schien ein Konsens mit den politikerfahreneren bürgerlich-adligen Liberalen zum gegenwärtigen Zeitpunkt die beste Lösung zu sein.

Diese Haltung entsprach auch den Marx'schen ideologischen Grundlagen der Arbeiterbewegung: Musste sich doch, bevor sich der Sozialismus durchsetzen konnte, erst ein vollwertiges industriekapitalistisches System unter Führung des Bürgertums etablieren. Für eine sozialistische Revolution war es demnach aufgrund der sozialen und wirtschaftlichen Gegebenheiten Russlands noch zu früh. Sicher, es wurde vereinzelt auch geäußert, das Proletariat solle die unerwartete Chance nutzen und gleich die Macht übernehmen, doch vorerst blieben das Minderheitsmeinungen. Im Arbeiterrat dominierten die Menschewiki, in deren Konzept für vom Willen gesteuerte Abschweifungen vom vorgezeichneten marxistischen Weg kein Platz war. Dieser Umstand machte sie kooperationsbereit für die Bourgeoisie. Wichtig war nun in ihrer Auffassung, dass die fortschrittlichen Kräfte aus beiden Lagern gemeinsam das Alte überwanden, dass grundlegende Freiheitsrechte sichergestellt und Diskriminierungen aufgehoben wurden, dass es zu materiellen Verbesserungen für die Bevölkerung kam und dass eine gewählte

Erster Ministerpräsident der Provisorischen Regierung war von März bis Juli 1917 der parteilose Politiker Fürst Georgi Lwow (1861–1925; Postkarte von 1917). Nach dem von Bolschewiki angezettelten Putschversuch im Juli legte er sein Amt nieder.

Konstituante bald Entscheidungen über die Zukunft des Landes treffen konnte.

Auf der Grundlage dieses gemeinsamen Nenners einigten sich Sowjetführung und Duma-Komitee auf die Bildung einer Provisorischen Regierung aus Vertretern der liberalen und gemäßigt-konservativen politischen Kräfte. Die Ämter des Ministerpräsidenten und des Innenministers übernahm Fürst Georgi Lwow (parteilos; 1861–1925), der sich auf der Spitzenebene der lokalen Selbstverwaltung allgemein anerkannte Verdienste erworben hatte und dem zugetraut wurde, als sachorientierte Integrationsfigur zu dienen. Die Mehrheit der Minister entstammte der Partei der Konstitutionellen Demokraten (KD, oft als „Kadetten" bezeichnet). Ihre profilierteste Figur war sicherlich der Historiker Pawel Miljukow (1859–1943); er wurde Außenminister.

Neben Vertretern weiterer liberaler und liberalkonservativer Parteien trat auch ein Sozialist in die neue Regierung ein: Es war der den Sozialrevolutionären nahestehende stellvertretende Sowjet-Vorsitzende Alexander Kerenski, ein prominenter Jurist voller Ambitionen, unendlich von sich und seiner eigenen Aura berauscht, der sowohl gegenüber der Arbeiterschaft wie der Bourgeoisie eine beeindruckende Überzeugungskraft entfaltete. Seine Übernahme des Justizressorts wurde als Herstellung eines persönlichen Scharniers zur Arbeitervertretung begrüßt. Die Liberalen hätten auch gerne noch einen Vertreter der Menschewiki ins Kabinett aufgenommen, etwa den Sowjet-Vorsitzenden Tschcheidse, wohl um den Rat in die gemeinsame Verantwortung einzubinden und der Gefahr einer dauerkritisierenden Opposition zu entgehen. Doch das Exekutivkomitee des Arbeiterrats winkte ab – und machte für Kerenski, der im Ernstfall lieber seinen Posten im Rat als das Ministerium aufgegeben hätte, eine Ausnahme.

Eine konstituierende Versammlung soll später die großen Weichenstellungen vornehmen

Am 3. März 1917 erschien in den „Iswestija" („Nachrichten"), der neuen Zeitung des Petrograder Arbeiterrats, eine Agenda der namentlich vorgestellten Provisorischen Regierung. Entscheidende Stichworte waren: Amnestie für alle politischen und revolutionären Delikte; Rede-, Presse-, Versammlungs-, und Vereinsfreiheit; Streikrecht; Abschaffung von Standesprivilegien; Schaffung einer Volksmiliz anstelle der Polizei sowie Wahlen zu lokalen Selbstverwaltungsorganen und Vorbereitungen zur Wahl einer konstituierenden Versammlung, welche über die künftige Verfassungsform des Landes bestimmen sollte. Hinzu kam die Erfüllung einiger arbeiter- und soldatenspezifischer Forderungen, die der Sowjet in den Katalog eingebracht hatte. Insgesamt handelte es sich um ein konsensfähiges Sofortprogramm zur

Überleitung Russlands in einen freiheitlich-demokratischen Rechtsstaat unter aktivem Einschluss der sozialistisch orientierten Unterschichten.

Dabei war es ein ebenso ehrliches wie ehrenwertes Vorhaben, eine demokratisch gewählte konstituierende Versammlung über alle Fragen der künftigen Verfasstheit des Landes entscheiden zu lassen. Genaugenommen war es die einzige Möglichkeit, einen Neuanfang zu legitimieren, der über alle denkbaren Vorwürfe einseitiger Privilegierungen oder Parteinahmen erhaben sein konnte. Das Bekenntnis zu einer konstituierenden Versammlung als integrem Fundament eines neuen Staates bedingte freilich auch das Eingeständnis, dass verschiedene wichtige Entscheidungen von der sich als provisorisch verstehenden und bezeichnenden Regierung vertagt werden mussten – nicht nur die erhabene Frage der Staatsform, sondern etwa auch die weit alltagsrelevantere Frage einer umfassenden Bodenreform, die der breiten bäuerlichen Bevölkerungsmehrheit mehr als alles andere am Herzen lag.

In diesem Zusammenhang war es keineswegs die Absicht der Regierung, die Wahlen zur Konstituante bis Jahresende zu verzögern, im Gegenteil: Im März 1917 ging man wohl von einer recht baldigen Einberufung dieses Fundamentalorgans aus. Doch zwischen der Verkündung allgemein befürworteter Absichten und ihrer Umsetzung lagen die realen Welten Russlands des Jahres 1917. Schon unter normalen Umständen wäre es bei Berücksichtigung der kommunikativen Infrastrukturen der damaligen Zeit aufwendig gewesen, exakte Wählerlisten für das so wichtige Unterfangen zu erstellen. „Normal" war freilich nichts mehr in Russland nach dem Zusammenbruch der Autokratie. So musste etwa erst einmal eine funktionierende lokale Verwaltung installiert werden, um vor Ort überhaupt verlässlich in Sachen Wählererhebung agieren zu können. Darüber hinaus befand sich das Land weiterhin in einem äußerst belastenden Krieg, der ständig neue Schmerzgrenzen erreichte und eine vorrangige Konzentration vieler Kräfte erforderte. Zudem war den Bürgerlich-Liberalen unwohl beim Gedanken an überstürzt

Die Frage der Landreform wollte die Provisorische Regierung der verfassunggebenden Versammlung überlassen. Aber vielerorts regelten die Bauern die Landverteilung schon bald selbst (Foto: Abstimmung über die Enteignung von Adelsland in einem Dorf).

Pawel Miljukow (1859–1943) provozierte als Außenminister eine erste Krise der Provisorischen Regierung: Der Vorsitzende der Konstitutionellen Demokraten wollte den Krieg fortsetzen, so wie von Nikolaus II. zu Kriegsbeginn mit den Alliierten vereinbart (Illustration von Henri de Weindel).

einberufene Wahlen in aufgeheizter, Radikalisierung begünstigender Stimmung.

Vor diesem Hintergrund nahm sich die Regierung für die Wahlen zur Konstituante doch mehr Zeit als ursprünglich vorgesehen, und aus September wurde schließlich gar November. Mit heutigem Wissen betrachtet, erscheint dies als fatale Verzögerung, denn tatsächlich war die Radikalisierung der Bevölkerung im Spätherbst so weit fortgeschritten, dass im Land bereits Bedingungen herrschten, die dem freiheitlich-demokratischen Anliegen der Konstituante und vor allem auch den bürgerlich-parlamentarischen Visionen der Liberalen mehr als hinderlich waren.

Doch im März war es für die neue Regierung nicht absehbar, dass sie von politischen Kräften aus dem eigenen Land zur Strecke gebracht werden würde. Schließlich hatte man mit den Arbeitern und Sozialisten gerade einen scheinbar tragfähigen Konsens gefunden. Der hauptsächliche Feind kam, das war offensichtlich, von außen. Dem Kriegsgegner konnte ein unsicheres, vom Umsturz erschüttertes Russland nur recht sein. Gerade deswegen bemühte sich die Provisorische Regierung von Anfang an, keinerlei Zweifel an ihrer Entschlossenheit aufkommen zu lassen, den Krieg an der Seite der westlichen Alliierten mit vollem Einsatz fortzuführen. Auch die Generäle der russischen Armee waren, als sie Nikolaus II. am Ende einhellig die Abdankung nahegelegt hatten, von der Einschätzung ausgegangen, dass eine neue Regierung des gesellschaftlichen Vertrauens neuen Elan für die Kampfhandlungen geben würde.

Für die Provisorische Regierung war die Fortsetzung des Kriegs bis zum siegreichen Ende mehr als nur die Erfüllung einer Bringschuld gegenüber der Generalität, deren duldendes Verhalten die Revolution mit ermöglicht hatte. Vielmehr war der anvisierte Sieg in der Allianz mit Frankreich und Großbritannien auch eine Frage des Kampfs für demokratisch-freiheitliche Werte gegen die als obrigkeitsstaatlich wahrgenommenen Mittelmächte. Die Regierung des „neuen" Russland wollte sich als ein starker, verlässlicher Partner der wehrhaften Demokratien präsentieren und damit – durchaus auch nach innen, an die Sozialisten gerichtet – den Anspruch untermauern, Teil der freiheitlich-parlamentarischen Welt zu sein. Darüber hinaus waren den Liberalen um Außenminister Pawel Miljukow auch Perspektiven einer russischen Einflussvergrößerung auf dem Balkan bzw. in der Frage der Kontrolle über die Meerengen der Dardanellen und des Bosporus keineswegs unangenehm.

Der Arbeiterrat hatte an diesen Fragen weniger Interesse – und mit bürgerlicher Solidarität mit den Gesellschaften des Westens waren Petrograds Proletarier ebenso wenig zu motivieren. Allenfalls ein diffuser revolutionärer Patriotismus im Sinn der Verteidigung der Revolution gegen die deutsch-wilhelminische „Reaktion" mochte die Duldung der Regierungsentscheidung zur Fortführung des Kriegs befördern. Dennoch sorgte die Kriegsfrage für Unruhe in den Beziehungen zwischen Arbeiterrat und Regierung. Der Sowjet musste in seiner Positionierung einen Kompromiss finden zwischen der Bereitschaft, die neue Freiheit des Vaterlands zu verteidigen, und seiner grundsätzlichen Neigung, imperial-expansive Kriegsziele abzulehnen. Die Lösung war die Formel eines „Friedens ohne Annexionen und Kontributionen", den man anstrebe.

Außenminister Miljukow hielt dies für defätistisches Gerede, doch seine, bezogen auf den Krieg, maximalistische Haltung wurde nicht von allen Regierungsmitgliedern geteilt. Als der Außenminister in einer berühmt gewordenen Note vom 18. April den Verbündeten versicherte, dass sich an den Abmachungen, die zu Kriegsbeginn mit der kaiserlichen Regierung getroffen worden waren, nichts geändert habe und dass Russland weiterhin einen Siegfrieden anstrebe, empfanden dies nicht nur die Sowjet-Vertreter als Schlag ins Gesicht, sondern alle Konsensorientierten innerhalb der Regierung. Miljukow, Vorsitzender der Konstitutionellen Demokraten, hatte so eine Regierungskrise provoziert: Ende April trat der Kriegsminister zurück, die ganze Situation erschien in höchstem Maße instabil, und aus Sicht von Regierungschef Georgi Lwow gab es nur eine einzige Perspektive, um Vertrauen und Konsens wiederherzustellen: die Integration von den in Räten organisierten Sozialisten in die Regierung.

Bodenreform, Inflation, Abspaltungstendenzen: Die Probleme türmen sich

Schließlich gaben die Sozialisten ihren Widerstand gegen eine Beteiligung an der „bürgerlichen" Regierung auf und traten mit insgesamt sieben Ministern in das zweite Kabinett Lwow ein. Miljukov gehörte der neuen Koalitionsregierung nicht mehr an. Alexander Kerenski wechselte vom Justiz- ins Kriegsministerium und organisierte auf seinem neuen Posten im Juni eine großangelegte Offensive. Ihr Scheitern im Juli offenbarte nicht nur die militärische Hilflosigkeit der Regierung, sondern sorgte für rapide Auflösungserscheinungen in der russischen Armee.

Dies galt umso mehr, als es die Soldaten – in ihrer Mehrzahl Bauern in Uniform – nicht nur aus Gründen der Kriegsmüdigkeit nach Hause drängte. Nach der Revolution war nun aus bäuerlicher Sicht endlich die Zeit jener gerechten Umverteilung des Bodens gekommen, auf die die Bauern seit Generationen warteten. Da die Provisorische Regierung in der Bodenfrage – juristisch korrekt, aber gesellschaftspolitisch unklug – alle tiefgreifenden Entscheidungen auf die konstituierende Versammlung verschob und eine Politik des Hinauszögerns verfolgte, wuchsen Enttäuschung und Ungeduld unter den Bauern, ob mit Uniform oder ohne. Während die Regierung mit ihren

Die schlechte Versorgungslage machte 1917 den Menschen in Russland zu schaffen. Vor den Lebensmittelläden, hier in Petrograd, bildeten sich lange Schlangen.

Beim Juliputsch versuchten Bolschewiki in Abwesenheit Lenins, die allgemeine Unzufriedenheit für ihre Zwecke zu nutzen. Die Provisorische Regierung schlug den Aufruhr nieder (Foto: Auflösung einer Demonstration auf dem Newski-Prospekt im Zentrum Petrograds).

zahlreichen Problemen beschäftigt war, begann Russlands bäuerliche Bevölkerung verstärkt, sich selbst zu helfen, indem sie das Land, das ihrer Auffassung zufolge ohnehin den Bauern zustand, eigenmächtig in Besitz nahm. Bei dieser Entwicklung wollte selbstredend niemand zu spät kommen, was die Desertionsquote in der Armee auf Rekordniveau trieb.

Dass die konfuse, unsichere Lage auf dem flachen Land im Kontext der allgemeinen Zusammenbruchserscheinungen sich nicht gerade günstig auf die Versorgungslage auswirkte, muss kaum näher erläutert werden. Nach wie vor gelang es nicht, der elementaren Notwendigkeiten Herr zu werden. Die ohnehin zu geringe Lebensmittelproduktion stagnierte, das Transportwesen brach zusammen, die Wirtschaft schrumpfte. Massive Inflation und Arbeitslosigkeit machten die Lohnerhöhungen für die Arbeiter aus dem Frühjahr zunichte und sorgten bei den Unterschichten für Enttäuschung und Unmut, der sich allzu oft auch in Vandalismus, Plünderungen, Raub und Gewalttaten Luft verschaffte.

Eine weitere „Front" für die Provisorische Regierung bestand im sich abzeichnenden Zerfall des Vielvölkerreichs. Weltkrieg, Okkupation durch die Mittelmächte und Revolution in Petrograd hatten Dynamiken nationaler Sezession ausgelöst, denen sich zu stellen die russische Regierung 1917 genaugenommen gar nicht in der Lage war. Bei Polen und Teilen der baltischen Länder schuf ohnehin das Vorrücken der Mittelmächte vollendete, für das Russische Reich nachteilige Tatsachen. Bei den anderen nach Autonomie oder gar Unabhängigkeit strebenden Völkern und ihren Territorien an der Peripherie des Reichs schob die Provisorische Regierung, deren liberale Mitglieder grundsätzlich imperial-großrussisch orientiert waren, die Verantwortung auf die konstituierende Versammlung, die hier verbindliche Entscheidungen zu treffen haben würde. Tatsächlich hatte man in Petrograd 1917 allerdings keine andere Wahl, als mit den aufbegehrenden Nationalitäten, unter denen in territorialer wie ökonomischer Hinsicht die Ukrainer am wichtigsten waren, trotz eines Widerwillens gegen jegliche Abspaltungsabsichten so gut wie möglich zu kooperieren – immer in der Hoffnung, die Umsetzung dieser Ziele zeitlich zu verzögern.

Zugute kam die Zuspitzung der Krisenerscheinungen 1917 denjenigen, die einfache und radikale Lösungen anboten. Waren die Bolschewiki bei der Februarrevolution weitgehend profillos im Fahrwasser der übrigen Sozialisten geschwommen, so hatte sich seit der Rückkehr Wladimir Lenins nach Russland im April die Lage geändert. In seinen „Aprilthesen" hatte sich Lenin heftig gegen eine Unterstützung der Provisorischen Regierung gewandt und stattdessen gefordert, in die zweite, proletarische Phase der Revolution überzugehen. „Alle Macht" sollte „den Räten" gehören, nicht einer bourgeoisen Regierung. Während diese Anfang Juli in die nächste Krise stolperte, als drei Minister der Konstitutionellen Demokraten aus Protest gegen das Entgegenkommen gegenüber ukrainischen Forderungen nach Selbständigkeit zurücktraten, setzten sich die Bolschewiki an die Spitze einer spontan ausbrechenden aggressiven Soldaten- und Arbeiterdemonstration in Petrograd.

Die Provisorische Regierung setzte Truppen gegen die Erhebung ein, es gab Tote und Verletzte. Gegen die Bolschewiki wurden polizeiliche Maßnahmen eingeleitet, die Parteipresse wurde verboten, Lenin zur Fahndung ausgeschrieben. Die gemäßigten Sozialisten des Arbeiterrats trugen das Vorgehen gegen die Bolschewiki mit, überhaupt ruhte die Provisorische Regierung nach dem Ministerrücktritt von Anfang Juli vor allem auf menschewistischen und sozialrevolutionären Schultern. Dies blieb nicht ohne Konsequenzen – in ihrer Programmatik rückte die Regierung nach links.

Für den verbliebenen Ministerpräsidenten Lwow bedeutete dies, dass es Zeit zum Aufhören war: Am 7. Juli trat er zurück. Nur mit Mühe konnten sich die politischen Kräfte nochmals zu einer weiteren Koalitionsregierung zusammenraufen. Diesem mit dem 21. Juli antretenden Kabinett saß nun Alexander Kerenski von den Sozialrevolutionären als Ministerpräsident vor. Die Bürgerlich-Liberalen waren auf dem absteigenden Ast. Nicht nur in Petrograd, im ganzen Land neigte sich die Waagschale nach links, zunächst freilich zu jenen gemäßigten Sozialisten, die seit Ende Februar Verantwortung übernommen hatten.

Es ist davon auszugehen, dass die Regierung wusste, in welch desolatem Zustand sich das Land befand – die Horrormeldungen von der Front, die katastrophale Wirtschaftslage, der sichtbare Unmut der Bevölkerung, die ständigen Regierungskrisen, ausgelöst durch Konflikte unter den Mitgliedern der Koalition, ergaben ja ein eindeutiges Bild. So entschied man im Juli, einen großen Versuch konsensstiftender Konsolidierung unter Einschluss aller politischen Kräfte des Landes zu unternehmen, indem man für den 12. August zu einer „Staatsberatung" nach Moskau einlud. Im Bolschoi-Theater versammelten sich Angehörige aller in Regierung und Arbeiterrat aktiven Parteien (mit Ausnahme der Bolschewiki), Offiziere und Soldaten, Gewerkschaftsvertreter sowie Angehörige weiterer Institutionen des öffentlichen Lebens. Mehr als eine Demonstration guten Willens wurde jedoch nicht daraus, und dass die jeweiligen „Lager" unterschiedliche Interessen hatten und ihre eigenen Lösungsideen stets für die besseren hielten, wusste man schon vor der Konferenz. Auch die Tatsache, dass sich politische Gegner auf offener Bühne die Hand gaben, entfaltete bestenfalls kurzfristigen Symbolwert.

Auffallend während der „Staatsberatung" war die Begeisterung, mit der die Vertreter des konservativen politischen Lagers den neuen Oberbefehlshaber der russischen Armee, General Lawr Kornilow (1870 – 1918), begrüßt hatten. Bei Kerenski begannen die Alarmglocken zu läuten: Kornilow war fähig, kompromisslos und ehrgeizig. Aus genau diesen Gründen hatte ihn der Regierungschef auch auf den Posten des Oberkommandierden gesetzt: Er sollte die Disziplin in der nach der gescheiterten Sommeroffensive völlig demoralisierten Truppe wiederherstellen, er sollte sich freilich nicht zu einer Art militärischem Tribun aufschwingen, dessen Popularität der Regierung gefährlich werden konnte.

„Kornilow-Affäre": Die gemäßigten Kräfte verlieren den letzten Kredit

Kornilow war Soldat und glaubte an militärische Macht, Härte und Autorität. Kerenski und seine ganze Regierungsmannschaft hielt er für unfähige, zögerliche Schwächlinge, die bei allem guten Willen der Rettung Russlands im Weg standen. Seit der Abdankung des Zaren war immer wieder von der politischen Rechten die Option einer Militärdiktatur ins Gespräch gebracht worden – und Kornilow wäre sicher ein passender Kandidat gewesen. Ende August verdichtete sich eine Mischung aus Intrigen, Missverständnissen, politischem Dilettantismus, gutartigen

General Lawr Kornilow (1870–1918) wollte Russland durch eine Militärdiktatur stabilisieren. Sein Putschversuch im September 1917 fand aber keine Unterstützung. Kornilow kam im April 1918 im beginnenden Bürgerkrieg als Befehlshaber auf Seiten der „Weißen" ums Leben.

und bösartigen Absichten zu einer regierungsbedrohenden „Kornilow-Affäre".

Bis heute fällt es schwer, den Gang der Ereignisse in eine sinnfällige, nachvollziehbare Logik zu bringen, aber genauso bot sich die Situation wohl auch den Zeitgenossen dar. Am Ende glaubte Kornilow allem Anschein nach, die Petrograder Regierung wünsche, dass er die Macht übernehme, während die Regierung einen eigenmächtigen konterrevolutionären Putsch von Seiten des Generals fürchtete. Ob, wie von Historikern in unterschiedlichen Varianten vermutet, wirklich eine der beiden Seiten das Missverständnis gezielt geschürt hatte oder ob es nur eine Verkettung unglücklicher Umstände mit Dummheit war, lässt sich kaum bestimmen. Sicher sind nur die Konsequenzen der Affäre: Kornilows Marsch auf Petrograd wurde nicht zuletzt durch Sabotage der Transportwege zum Stehen gebracht, der General wurde abgesetzt, Kerenskis Reputation sank weiter, unter den Unterschichten stieg die Angst vor einer Konterrevolution der alten Kräfte.

Letzteres kam nicht zuletzt den Bolschewiki zugute, die bereits seit Monaten laut und radikal für eine kompromisslose Fortführung der Revolution gegen die Bürgerlich-Liberalen agitiert hatten. Während die Regierung in Agonie versank und in ihrem Schlepptau auch die kooperationsbereiten Sozialisten des Arbeiterrats mit hinunterzog, nutzten die Bolschewiki ihre verantwortungsfreie Fundamentalopposition, lehnten alle Vorschläge der Regierung ab und versprachen ihrerseits den Arbeitern, Bauern und Soldaten das, was diese hören wollten.

In den Arbeiterräten gewannen die Bolschewiki seit September in fast allen wichtigen Städten die Mehrheit. Die Kornilow-Affäre hatte ihnen zudem die Gelegenheit gegeben, sich als Verteidiger der Revolution nicht nur zu präsentieren, sondern auch – in Gestalt „Roter Arbeitergarden" – zu bewaffnen. Damit war bereits die Grundlage jener militärisch-organisatorischen Durchsetzungsfähigkeit der Bolschewiki gelegt, mit der sie einige Wochen später die Macht ergreifen sollten. Doch auch die andere Seite gehört zu den unmittelbaren Voraussetzungen der „Oktoberrevolution": die Demoralisierung, Diskreditierung und Disqualifizierung der gemäßigten, koalitionären Kräfte der Provisorischen Regierung. Nur noch wenige trauten den Konstitutionellen Demokraten und kooperationsbereiten Sozialisten zu, die Krise Russlands lösen zu können. Die Wahlen zur verfassunggebenden Versammlung hatte man auf Ende November verschoben. Schon vorher sollte eine Gruppe entschlossener Berufsrevolutionäre mit breiter Unterstützung der hauptstädtischen Massen vollendete Tatsachen schaffen.

PD Dr. Matthias Stadelmann

Lenin, Trotzki & Co

Die Köpfe der Revolution

Manfred Hildermeier

Sie waren radikal, sie teilten die Erfahrung des Exils, und sie ließen sich von Lenin auf einen aggressiven Kurs der Machtergreifung zwingen: eine kleine Gruppe von Bolschewiki, die 1917 unter dem Regime der Provisorischen Regierung auf ihre Chance wartete.

Revolutionäre allein bringen nicht notwendigerweise eine Revolution zustande. Aber keine Revolution kommt ohne Führer aus, und erst recht behauptet sich keine ohne sie. Das galt gerade für den „Roten Oktober", der im Kern ein Militärputsch war. Nicht ohne Grund verbindet ihn das historische Gedächtnis in besonders enger Weise mit Lenin und Trotzki. Neben diesen prominentesten „Helden" des Dramas sollten aber einige andere Personen nicht vergessen werden, die zwar in der Rückschau der zweiten Reihe zuzurechnen sind, aber im Revolutionsjahr bekannte Akteure waren und dem engsten Führungszirkel der Partei angehörten – namentlich die Redner und Agitatoren Sinowjew und Kamenew sowie die „Apparatschiks" Swerdlow und Stalin. Auch wenn einer sie überragte, weil er vieles konnte, brachte erst das Zusammenwirken ihrer verschiedenen Talente das säkulare Ereignis zustande, das die Welt ein Dreivierteljahrhundert lang mit prägen sollte.

Lenin: der Mann mit dem eisernen Willen zur Macht

Die Bolschewiki waren keineswegs dafür prädestiniert, die Macht in Russland zu übernehmen. Die radikale Splitterpartei – auf dem Foto (von links) Leo Trotzki, Wladimir Lenin und Lew Kamenew im Jahr 1920 – griff aber beherzter als andere nach der Macht.

Dieser eine, der an erster Stelle zu nennen ist, war natürlich Wladimir Iljitsch Lenin (eigentlich Uljanow; 1870 – 1924), geistiger Urheber des Oktober-Umsturzes und bald Gründer des neuen Staats, der daraus hervorging. Lenin war für seine Partei alles: Er hatte sie ins Leben gerufen, ohne ihn fiel keine wichtige Entscheidung, er war ihre populärste Persönlichkeit, ein wirkungsmächtiger (wenn auch kein eloquenter) Massenredner – ohne ihn waren die Bolschewiki kopflos. In diese Rolle war Lenin von Anfang an hineingewachsen. 1870 in Simbirsk (dem später nach ihm benannten Uljanowsk) geboren, gehörte er zu den ersten Vertretern einer Generation, die liberale Ideen einer parlamentarischen Be-

Den Blick heroisch vorausgerichtet, kehrt Lenin im April 1917 aus dem Exil nach Petrograd zurück – natürlich im Lokführerstand des Zugs. So stellt es dieses Propagandagemälde dar.

schränkung der zarischen Autokratie für Blendwerk hielt und die soziale Revolution auf sein Banner schrieb. Er tat dies im Rahmen der Modetheorie der neuen Zeit: der marxistischen Geschichts- und Revolutionsdeutung, wie sie seit den 1880er Jahren auch in Russland diskutiert wurde.

Mit Gleichgesinnten gründete er 1895 den St. Petersburger „Kampfbund für die Befreiung der Arbeiterklasse", der zur Keimzelle der russischen Sozialdemokratie wurde. Aus sibirischer Verbannung an der Lena (von diesem mächtigen Strom leitete er seinen Kampfnamen ab) zurückgekehrt, war er bereits auf deren zweitem Parteitag 1903 die treibende Kraft hinter der Spaltung in Menschewiki und Bolschewiki. Äußerlich ging es um die Definition der Mitgliedschaft. Sachlich stand die Grundsatzfrage zur Diskussion, welcher Art die Partei sein sollte – prinzipiell offen für „bloße" Sympathisanten oder eine Kaderorganisation militanter Kämpfer?

Wie er kurz zuvor in seiner Schrift „Was tun?" (1902) begründet hatte, favorisierte Lenin die zweite Option. Faktisch gab es fortan zwei sozialdemokratische Parteien, deren eine Lenins Kreatur und Ziehkind war. Dieser Fraktion, und nur ihr, verschrieb er als Lehre aus der ersten Revolution von 1905 auch zwei weitere taktisch-theoretische Maximen, die den Boden für ihre Strategie im Jahr 1917 bereiteten: erstens nicht nur auf die Arbeiterschaft zu setzen, sondern zu bedenken, dass der Umsturz in einem Agrarland wie dem Zarenreich nicht ohne Hilfe der Bauernschaft zu bewerkstelligen sei; zweitens die Fesseln abzuschütteln, die aus der orthodox-marxistischen Prämisse erwuchsen, angesichts der „feudalistischen" Natur des russischen Absolutismus könne die bevorstehende Revolution nur eine „bürgerliche" sein, deren Aufgabe mithin darin bestehe, nach französischem Vorbild von 1789 Demokratie und „Kapitalismus" zu bringen. Dies gelang ihm durch faktische Anleihen bei der These Trotzkis (der seinerzeit noch Menschewik war), dass einer solchen „bürgerlichen" Phase angesichts der Schwäche des russischen Bürgertums sofort die „sozialistische" folgen, die Revolution mithin eine „permanente" sein müsse.

Im westeuropäischen Exil – meist in der Schweiz, mitunter auch in Paris und London –, wo er seit Juli 1900 überwiegend lebte, konnte Lenin solche Gedanken nur theoretisch entwickeln. Er tat dies in zahlreichen Beiträgen für Parteizeitungen – vor allem die „Iskra" („Der Funke"), seit 1912 für die „Prawda" („Die Wahrheit") – und mittels Broschüren, verbunden mit unermüdlichen Anstrengungen, die illegal operierenden innerrussischen Parteizellen durch intensive Kontakte und straffe Führung von der alleinigen Richtigkeit seiner Linie zu überzeugen.

Erst die Februarrevolution änderte diese Situation grundlegend. So, wie die im Inland verbannten Revolutionäre aller Couleur nun in die Hauptstadt zurückströmten, konnten auch die Emigranten im Ausland an die Heimkehr denken. Wie Lenin von Zürich nach Petrograd kam, ist oft beschrieben worden: mit Genehmigung der Reichswehr (die gern half, einen erklärten Kriegsgegner ins Feindesland zu transportieren) im plombierten Waggon durch Deutschland. Schon seine letzten Briefe „aus der Ferne“ hatten angedeutet, dass er den Kurs der innerrussischen Parteigenossen gegenüber der neuen Regierung nicht mittrug. Was er aber seinen verdutzten Zuhörern am 4. April 1917, nur einen Tag nach seiner Ankunft, als neue Taktik verkündete, schlug ein wie eine Bombe. Denn die „Aprilthesen“ forderten nichts Geringeres, als das nach wie vor gültige Programm von 1903 zu zerreißen. Statt der dort fixierten „bürgerlichen“ Revolution setzte er den „proletarischen“ Umsturz auf die Tagesordnung. Fortan war die Provisorische Regierung kompromisslos und mit allen Mitteln zu bekämpfen.

Lenin wäre nicht der willensstarke politische Führer und zutiefst von seiner Mission überzeugte Ideologe gewesen, der er war, wenn er diese Kehrtwende nicht auch durchgesetzt hätte. Letztlich gelang ihm dies ohne größere Gegenwehr. Einige wenige mochten murren, aber Kritik gehörte nicht zur bolschewistischen Mentalität. Diskussionen, die nach außen gedrungen wären, hat es nicht gegeben. Als Lenin diesen Machtanspruch auf dem ersten Allrussischen Kongress der Arbeiter- und Soldatendeputierten Anfang Juni 1917 auch öffentlich demonstrativ und provokativ verkündete, hatte er seine Partei hinter sich. Zugleich war er klug genug, die Stimmung der Masse genau zu beobachten. Als die Regierung Ende Juni eine neue Offensive vorbereitete und die Gelegenheit nutzen wollte, um einige radikale, bolschewistisch orientierte Garnisonsregimenter an die Front zu schicken, verweigerten diese den Gehorsam und riefen zum Widerstand auf. Am 3./4. Juli spitzte sich die Si-

Die Parteizeitung „Prawda“ diente den Bolschewiki als Bühne für ihre radikalen Ideen. Das Gemälde „Lenin in der Redaktion der Prawda“ präsentiert die Revolutionäre als eifrig diskutierende Intellektuelle.

Leo Trotzki (hier als Redner in Moskau auf einem undatierten Foto) erwies sich mit seinem rhetorischen Talent als gute Ergänzung zu Lenin, der durch entschlossenen Pragmatismus hervorstach.

tuation so dramatisch zu, dass sich den Bolschewiki eine Chance zum Umsturz zu bieten schien. Aber die Parteiführung war offenbar uneins und vermochte sich nicht zu entscheiden.

Auch Lenin zog es diesmal noch vor, den Beobachterposten nicht zu verlassen. Die Krise endete mit einer Niederlage der Bolschewiki. Die Partei wurde verboten, Lenin musste über die finnische Grenze fliehen und sich im Nachbarland verstecken. Seine grundsätzliche Position aber blieb unverändert. Als die soziale Gärung im Land weiter zunahm und der Regierung die Kontrolle immer spürbarer entglitt, hinderte ihn auch sein Inkognito nicht daran, energisch für seine Position zu werben. Dem nun widerstrebenden Zentralkomitee drohte er sogar mit seinem Parteiaustritt, um es zur Fügsamkeit zu zwingen. Schließlich erreichte er, was er wollte. Mit Perücke und bartlos nahm er höchstpersönlich an der entscheidenden Sitzung vom 10. Oktober teil, die beschloss, den bewaffneten Umsturz konkret vorzubereiten. Damit mündeten die „Aprilthesen" in ihr eigentliches taktisches Nahziel – die Machtergreifung im Namen der Räte, die faktisch eine der bolschewistischen Führung war.

Trotzki: brillanter Redner und Theoretiker an Lenins Seite

Was Lenin am ehesten fehlte, besaß Lew Dawidowitsch Trotzki (eigentlich Bronstein; 1879 – 1940): geschliffene Rhetorik und demagogische Eloquenz. Jünger als Lenin, gehörte er zu jener Generation des radikalen Widerstands, die ganz und gar in der Enttäuschung über das Scheitern des Terrors der „Narodnaja Wolja" („Volkswille"/„Volksfreiheit"; eine linksterroristische Gruppe der späten 1870er und der frühen 1880er Jahre) aufwuchs. Diese Generation hatte unmittelbar erlebt, dass der Anschlag auf Zar Alexander II. im März 1881 nicht den erhofften Volksaufstand auslöste, sondern nur Alexander III. auf den Thron brachte und zum definitiven Ende jeglicher liberaler Reformen führte.

Wie Lenin und viele andere zog Trotzki daraus den Schluss, dass eine andere Revolutionstheorie nötig sei – die marxistische, die dank ihrer paradoxen Forderung, die kapitalistisch-bürgerliche Umgestaltung Russlands fortzusetzen, um sie dann zu überwinden, eine erhebliche Attraktivität auf die oppositionelle Intelligenz der 1890er Jahre ausübte. Nach der Spaltung der Sozialdemokratie schloss sich Trotzki den Menschewiki an und bestand im Herbst 1905 seine Feuerprobe als Revolutionspolitiker, als er zum Vorsitzenden des St. Petersburger Arbeitersowjets gewählt wurde.

Zugleich begründete er in diesen Jahren seinen Ruhm als Theoretiker. Innovativer als Lenin (und brillanter als Autor), schlug er eine Lösung für das Kernproblem des russischen Marxismus vor, die zeit seines Lebens mit ihm verbunden wurde. Auf die Frage nämlich, wie eine sozialistische Revolution in einem rückständigen Agrarland möglich sei, gab er die Antwort, dass die Umwälzung in einem solchen Fall nicht bei der Nachholung „bürgerlicher" Errungenschaften stehenbleiben, sondern umgehend zum Aufbau des Sozialismus voranschreiten dürfe und müsse. Obwohl er damit das orthodoxe menschewistische Etappenmodell hinter sich ließ, betrachtete sich Trotzki weiterhin als Parteigänger der „Minderheit". Erst bei Weltkriegsbeginn schloss er sich einer „Zwischengruppe" an. Von hier aus war der Weg zu den Bolschewiki nicht weit. Nicht nur die gemeinsame Opposition gegen den Krieg ebnete ihn, sondern auch die Kehrtwende Lenins in den Aprilthesen: liefen diese doch auf denselben taktischen Kurs hinaus wie Trotzkis eigene Überlegungen.

Im Kampf gegen die Provisorische Regierung ergänzten die beiden prominentesten Bolschewiki einander daher nahtlos. Trotzki war auch der beste Ersatz, als er nach dem Kornilow-Putsch im September 1917 freigelassen wurde, während Lenin weiterhin in seinem Versteck ausharren musste. Sicher bot sich Trotzki in diesen Wochen die größte Chance, sein Talent zu beweisen. Er nutzte sie und schrieb zum ersten Mal Weltgeschichte.

In mancherlei Hinsicht war Trotzki ideologischer als Lenin; zumindest fehlte ihm dessen pragmatischer Realitätssinn. Mit Lenin lehnte er nach dem Oktober-Umsturz eine Koalition aller Sowjetparteien ab. Anders als die linken Bolschewiki (und Sozialrevolutionäre) nahm er das Diktat der deutschen Generäle im Frieden von Brest-Litowsk (März 1918) hin und blieb an der Seite Lenins, enthielt sich aber der Stimme. Auf das fortdauernde Wohlwollen des Parteiführers gestützt, konnte er seine zweite Großtat vollbringen: den Sieg im Bürgerkrieg, der vor allem ihm zu verdanken war. In diesem Entscheidungskampf, der ein nachgeholter Revolutionskrieg war, demonstrierte Trotzki über seine rhetorische und journalistisch-literarische Begabung hinaus weitere Fähigkeiten: physische Leistungskraft und allgegenwärtige Präsenz, organisatorisches Talent – und große Härte auch gegenüber den eigenen Kämpfern.

Dies sollte jede spätere, auf seine Opposition gegen Stalin gegründete Idealisierung Trotzkis bedenken. Dieser war mit jeder Faser seiner Person ein radikaler Revolutionär, dem jedes Mittel recht war, um die Sache voranzutreiben, deren Sieg ihm seine Weltanschauung verbürgte. Darin stand er Lenin in nichts nach. Auch deshalb waren beide, jeder auf seine Weise, für die Entstehung und Behauptung der Sowjetmacht unentbehrlich.

Sinowjew: Agitator mit der Bereitschaft zum Kompromiss

Schon zur zweiten Reihe der bolschewistischen Führer, aber an erster Stelle, gehörte Grigori Sinowjew (eigentlich Radomyslski; 1883 – 1936). 1883 als Sohn eines jüdischen Landwirts in der Ukraine geboren, schloss er sich schon als Jugendlicher einer sozialdemokratischen Gruppe an. Um sich beginnender Verfolgung zu entziehen, ging er 1902 ins Ausland. Nach dem zweiten Parteitag 1903 ergriff er auf Seiten Lenins Partei und arbeitete bald an einer in Genf erscheinenden bolschewistischen Monatsschrift mit. Während der ersten russischen Revolution 1905/06 kehrte er nach St. Petersburg zurück, wo er sich als Redner und Agitator einen Namen zu machen verstand. Nach kurzzeitiger Haft floh er im Sommer 1908 endgültig in die Schweiz, wurde Mitglied der Auslandsführung, bald des Zentralkomitees der Russischen Sozialdemokratischen Arbeiterpartei (RSDRP) und in dieser Funktion Redakteur mehrerer bolschewistischer Parteiorgane. Nach Ausbruch des Weltkriegs, der die internationale wie die russische sozialistische Bewegung zutiefst spaltete, nahm er mit Lenin an der Konferenz der Kriegsgegner in Zimmerwald (bei Bern, September 1915) teil, und mit Lenin kehrte er auch nach Ausbruch der Februarrevolution Anfang April im berüchtigten plombierten Waggon durch Deutschland nach Petrograd zurück.

Hier stieg er sofort zum Vorsitzenden der hauptstädtischen bolschewistischen Parteiorganisation auf und sorgte mit der Autorität dieses Amts für die An-

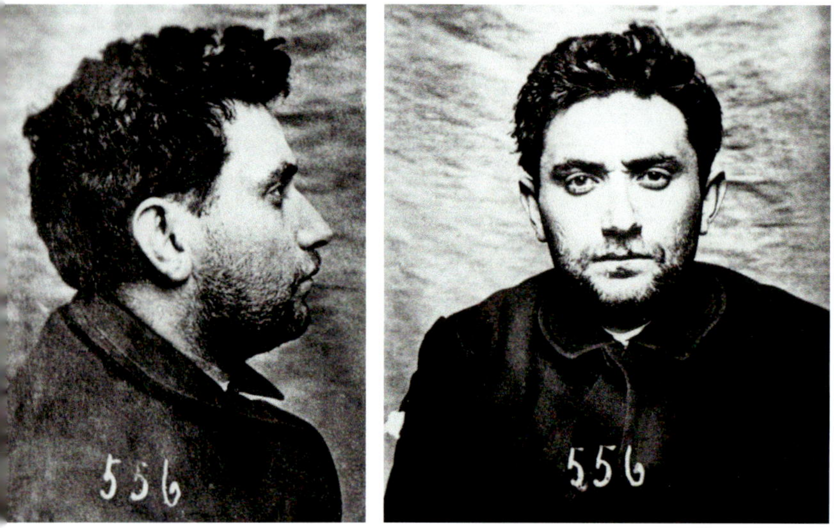

Grigori Sinowjew gehörte zu den führenden Bolschewiki, die auf Wahlen statt auf einen Putsch setzten. Wie viele seiner Genossen hatte auch Sinowjew bereits wegen seiner politischen Tätigkeit im Gefängnis gesessen (Polizeifoto von 1908).

nahme der Lenin'schen Aprilthesen. Auch in der Juli-Krise stimmte er noch mit Lenin überein. Zwar rief er die demonstrierenden Matrosen und Soldaten allem Anschein nach (gemeinsam mit Kamenew und Trotzki) früher und deutlicher zur Zurückhaltung auf. Aber auch Lenin wagte sich ja nicht aus der Deckung. Zum offenen Konflikt kam es jedoch im September, als „Iljitsch" in einer Serie von Briefen aus dem finnischen Unterschlupf das Zentralkomitee mit wachsender Ungeduld dazu aufrief, die Macht definitiv zu ergreifen.

Sinowjew, der in Abwesenheit des Parteiführers faktisch als Sprecher des Zentralkomitees fungierte, sah dies anders. Mit Kamenew hielt er das Risiko des Scheiterns für zu groß und hoffte darauf, dass die Bolschewiki zusammen mit den ihnen nahestehenden Linken Sozialrevolutionären (die sich von der Partei der Sozialrevolutionäre abgespalten hatten, während diese die Provisorische Regierung unterstützte) bei den bevorstehenden Wahlen zur konstituierenden Versammlung eine Mehrheit erzielen würden. Indes durchkreuzte Lenin seine Strategie, indem er zum erwähnten entscheidenden Treffen am 10. Oktober persönlich erschien und die Mehrheit des Zentralkomitees dank seiner Autorität auf seine Seite zog. Als die Überstimmten ihre Position in einem Beitrag für die „Neue Zeit", das Journal des Schriftstellers Maxim Gorki, rechtfertigten und den Aufstandsplan damit faktisch preisgaben, war Lenin so erbost, dass er, radikal wie stets, ihren Parteiausschluss forderte. Vielleicht, weil ihm das Zentralkomitee ausnahmsweise nur partiell folgte, hielt Sinowjew auch nach dem Umsturz in der Sache an seiner „moderaten" Haltung fest. Als die mächtige Eisenbahnergewerkschaft auf eine Koalitionsregierung aller „revolutionären" Parteien anstelle einer bloß bolschewistischen drang, war er (mit anderen führenden Bolschewiki) bereit, darauf einzugehen.

Lenin torpedierte aber auch diesen Kompromiss und setzte sich durch. Danach blieben größere Meinungsverschiedenheiten aus. Sinowjew, auf dessen Talente die nunmehrige Staatspartei nicht verzichten konnte, stieg ins Politbüro und an die Spitze der 1919 neugegründeten Dritten Internationale (Komintern) auf. Zumindest Lenin verzieh ihm die „Abweichung" von 1917 aber nicht. Noch in seinem „Testament" notierte er Ende 1922, dass sie „kein Zufall" gewesen sei.

Kamenew: Verfechter einer langfristigen Revolutionsstrategie

Engster Mitstreiter Sinowjews und ähnlich prominent war 1917 Lew Kamenew (eigentlich Leo Rosenfeld; 1883–1936), Sohn eines Eisenbahningenieurs aus Tiflis/Tiblissi. Im selben Jahr geboren wie Sinowjew, schloss er sich gleich zu Beginn seines Jura-Studiums in Moskau 1901 einem sozialdemokratischen Zirkel an und kehrte nach kurzem Aufenthalt in Paris 1902, den er nutzte, um Kontakt zur „Iskra"-Redaktion aufzunehmen, 1903 als Agitator ins heimische Tiflis zurück. Die revolutionären Wirren von 1905/06 zogen auch ihn nach St. Petersburg, wo er an verschiedenen Parteizeitungen mitarbeitete. Nach dem Ende der Unruhen verhaftet, ging er im Sommer 1908 wie viele seiner Genossen ins Exil nach Genf. Dort betätigte er sich ebenfalls vor allem als Parteijournalist. Anfang 1914 wurde er nach St. Petersburg zurückbeordert, um die örtliche Redaktion der „Prawda" zu leiten. Dort wurde er nach Kriegsausbruch verhaftet und ins östliche Sibirien verbannt.

Als Kamenew Mitte März 1917 in die Hauptstadt zurückkehrte, war auch für einen radikalen Revolutionär wie ihn ein Nahziel erreicht. Die Autokratie war zusammengebrochen, eine liberale Regierung installiert, die sofortige demokratische Reformen in Angriff nahm, und ein Arbeiter-und-Soldaten-Rat gebildet, um sie zu kontrollieren. Ebendies war auch die Position, die er in der „Prawda", deren Redakteur er wurde, als Parteilinie verkündete. Ähnlich

Lew Kamenew (stehend, als Redner bei einer Versammlung in Moskau) hatte grundsätzliche Bedenken gegen Lenins forschen Revolutionskurs. Es sei falsch, sofort nach dem Sturz der Zarenherrschaft in die „sozialistische" Phase der Geschichte eintreten zu wollen.

moderat äußerte er sich in der so fundamental wichtigen Friedensfrage, indem er ein sofortiges Kriegsende ablehnte.

Damit rückte Kamenew vom radikalen Pazifismus, den seine Partei bis dahin vertreten hatte, ab und schwenkte auf die Linie des Petrograder Sowjets ein, dessen Exekutivkomitee er schon eine Woche später angehörte. Widerspruch blieb nicht aus; das innerrussische Zentralkomitee unterstützte seinen Kurs jedoch. Dies änderte sich schlagartig, als Lenin am 3. April zurückkehrte. Zwischen beiden kam es in den nächsten Wochen zu einer heftigen Kontroverse. Kamenew hielt am „Stadiendenken" des Parteiprogramms fest, dem zufolge Russland nach dem Sturz der Autokratie in eine „bürgerlich-demokratische" Etappe der Revolution eingetreten sei. Diese schon für beendet zu erklären und die „sozialistische" Transformation aufzurufen, sei völlig „unannehmbar", und es gelte, das „Abkommen" mit der Provisorischen Regierung einzuhalten. Kamenews Widerspruch verhallte jedoch ungehört. Wie erwähnt, unterwarfen sich die Delegierten der bolschewistischen Stadtkonferenz der Autorität ihres unbestrittenen Führers Lenin.

Während der Dissens in der Juli-Krise aus den erwähnten Gründen latent blieb, trat er im Frühherbst noch einmal in voller Schärfe zutage. Mit Sinowjew lehnte Kamenew Lenins Aufruf zum Umsturz ab. Statt ein unkalkulierbares Risiko einzugehen, sei es besser, auf die konstituierende Versammlung zu setzen, da sich die Krise im Land weiter zuspitzen und den Bolschewiki zu erheblicher Fraktionsstärke verhelfen werde. Die beiden Dissidenten wurden aber überstimmt. Nach der publizistischen Verteidigung ihrer Position und Lenins heftiger Kritik wurde Kamenew – anders als Sinowjew – sogar aus dem Zentralkomitee ausgeschlossen. Dennoch gehörte er auch weiterhin zu den einflussreichsten Bolschewiki. Nach dem Oktober-Coup avancierte er sogar zum Vorsit-

Josef Stalin als junger Mann. Der spätere Diktator lehnte Lenins Aprilthesen zunächst ab, änderte aber im Sommer 1917 seine Meinung.

zenden des neugewählten Exekutivkomitees des Allrussischen Arbeiter-und-Soldaten-Rats. Im März 1919 wurde er auch wieder in das höchste Parteigremium (fortan Politbüro genannt) aufgenommen, und 1923 folgte er sogar Lenin als Vorsitzender des Rats der Volkskommissare.

Von selbst versteht sich, dass die Genannten vieler Mitstreiter und aktiver Helfer bedurften. Auch zum engeren Kreis der bolschewistischen „Kommandeure" gehörte noch ein gutes Dutzend faktischer Berufsrevolutionäre, deren Namen und Wirkungskreis zumindest nach den Februar-Ereignissen über die Hauptstadt hinausreichten. So wählte die siebte Parteikonferenz der bolschewistischen Sozialdemokratie, die erste der neuen Ära, Ende April 1917 ein Zentralkomitee aus 13 Mitgliedern, und der sechste Parteitag ein Vierteljahr später, als die Partei die neue Freiheit schon hatte nutzen können, kürte eines aus 21 Mitgliedern und acht Kandidaten. Von manchen darf man annehmen, dass sie überwiegend außerhalb des Zentrums in der weiten Provinz, die gerade in Russland nicht übersehen werden durfte, tätig waren.

Andere, wohl die meisten, brachten die bolschewistische Position in den zahlreichen Komitees verschiedener gesellschaftlicher, staatlicher und militärischer Organisationen in Petrograd zur Geltung, von den städtischen und gesamtrussischen Sowjets über Gewerkschaften und Fabrikkomitees bis hin zu Matrosen- und Soldatenverbänden. Einige von ihnen waren in der Essenz schon jene Amtsinhaber, für die sich nach der Machtübernahme ein neuer Name einbürgerte: der des „Funktionärs".

Stalin: wichtiger Funktionär, aber noch im Hintergrund

Als Beispiel dafür wäre jener Mann zu nennen, der zum bekanntesten und gefürchtetsten Bolschewiken des 20. Jahrhunderts aufsteigen sollte: Josef Stalin (eigentlich Dschugaschwili; 1879–1953). Der Sohn eines armen georgischen Schusters durchlief eine ähnliche Parteikarriere wie die meisten der Genannten, trat noch nicht 20-jährig einer sozialdemokratischen Zelle in Tiflis bei, wurde mehrfach verhaftet, konnte entfliehen, engagierte sich erneut im Untergrund und stieg dabei immer höher auf. 1912 wurde er ins Zentralkomitee kooptiert und gehörte zu den Redakteuren der „Prawda". Nach abermaliger Festnahme verbrachte er die Kriegsjahre in Ostsibirien, von wo er – mit Kamenew – am 12. März 1917 zurückkehrte. Mit diesem übernahm er sofort die örtliche „Prawda" und unterstützte – anders als seine spätere Geschichtsklitterung behauptete – Kamenews Kurs einer Kooperation mit der Provisorischen Regierung.

Noch in der ersten Debatte über Lenins Aprilthesen lehnte er diese ab. Erst danach änderte er seine Meinung und schloss sich dem Kurs seines Meisters an: in den Julitagen, am Vorabend des Oktober und in den Verhandlungen danach. Wohlgemerkt, dies alles tat Stalin in herausgehobener Position. Es wäre falsch, ihn zu einem farblosen Hinterbänkler zu erklären. Aber er stand nicht an vorderster Front. In der aufgewühlten Stimmung der Revolution waren demagogische Rhetorik und Charisma gefragt, nicht seine eher praktisch-organisatorischen und konspirativen Talente. Im Übrigen musste er vorerst auch in dieser Hinsicht zurückstehen. Das administrative Hirn der Partei, der Mann, bei dem alle Fäden aus dem ganzen Land zusammenliefen, war Jakow Swerdlow, den auch Lenin sehr schätzte. Stalin wäre kaum zum Generalsekretär aufgestiegen, wenn Swerdlow nicht im März 1919, gerade 33 Jahre alt, an der Spanischen Grippe gestorben wäre.

Prof. Dr. Manfred Hildermeier, geb. 1948, lehrt Osteuropäische Geschichte an der Universität Göttingen.

Der Staatsstreich der Bolschewiki

Roter Oktober

Manfred Hildermeier

Vorangetrieben von Lenin und befördert durch Trotzkis brillante Rhetorik, organisierten die Bolschewiki im Oktober 1917 den Sturz der Provisorischen Regierung. Diese hatte es ihnen leicht gemacht – durch ihre Unfähigkeit, eine an den Bedürfnissen der Bevölkerung orientierte Politik zu gestalten.

Wenige Ereignisse haben bis in die Gegenwart hinein so tiefe Spuren hinterlassen wie das gewaltsame Ende der Provisorischen Regierung. Von langer Hand vorbereitet und im Stil eines militärischen Kommandounternehmens durchgeführt, brachte es die Bolschewiki an die ersehnten Hebel der Macht. Seitdem ist über den Charakter dieses Putschs immer wieder gestritten worden. In der Sowjetunion war das Monumentalgemälde eines „Massenaufstands" gegen die Herrschaft der kapitalistischen Bourgeoisie verbindlich vorgegeben. Dieser Topos der „Großen Sozialistischen Oktoberrevolution" ist spätestens während der Perestroika der späten 1980er Jahre ins Reich der Mythenbildung verwiesen worden, und mit dem Untergang des Staats insgesamt sind auch die letzten Lobeshymnen verstummt: Die Aussicht auf eine bessere Gesellschaft entpuppte sich als Illusion, hinter der nur eine schlechtere, weil unmenschliche und ineffiziente Spielart der Modernisierung zum Vorschein kam.

Doch auch jene Sichtweise, die in nachsowjetischen Zeiten den Umsturz allein zum Werk machtbesessener und doktrinärer Weltverbesserer erklärt, greift zu kurz. Sie übersieht, dass die Macht, wie Lenin plastisch formulierte, tatsächlich „auf der Straße" lag und es ein Leichtes war, sie aufzuheben. Dies entschuldigt den Staatsstreich nicht und ändert erst recht nichts an seiner begrifflichen Kennzeichnung. Aber es macht deutlich, dass er nicht von der Lage im Land und auch nicht von der Stimmung der Masse der Bevölkerung zumindest in Petrograd (St. Petersburg) und manchen anderen Großstädten zu trennen ist.

Lenin im Smolny-Institut: In diesem Mitte des 18. Jahrhunderts erbauten Gebäudekomplex in Petersburg, seit der Februarrevolution Tagungsort des Arbeiter-und-Soldaten-Rats, wurde der Oktober-Putsch geplant, danach diente das Institut vorläufig als Regierungszentrale (Gemälde von Isaak Brodski).

Intensive sozialgeschichtliche Forschungen haben die tiefen Gräben an den Tag gebracht, die sich schon bald nach dem Sturz der Monarchie im Februar wieder in der russischen Gesellschaft aufgetan hatten. Ohne die kapitalen Versäumnisse der Provisorischen Regierung hätten die bolschewistischen Revolutionäre, die Geschichte machten, ihr Ziel nicht erreicht – diese Einsicht verdient angemessene Be-

Der zweite Allrussische Kongress der Arbeiter- und Soldatendeputierten, der am 25. und 26. Oktober 1917 in Petrograd tagte, beschloss, die Regierungsgewalt zu übernehmen. Zuvor hatten die gemäßigten Kräfte den Saal verlassen (Gemälde: Lenin verkündet den Sturz der Provisorischen Regierung).

achtung. Politisches und soziales Geschehen erscheinen in dieser Sicht ebenso eng miteinander verklammert wie die Persönlichkeiten mit dem Wirkungsfeld, in dem sie sich erst entfalten konnten. Lenin mochte, mit Trotzki an seiner Seite, in der Tat der böse Geist sein, für den ihn seine Gegner hielten; ohne seine Autorität und Entschlossenheit ist der Coup ebenso wenig denkbar wie ohne seine Radikalität und Selbstgewissheit. Aber er vollbrachte keine herkulische Tat aus dem Nichts, sondern nutzte die Fehler anderer und die Chance, die in der schweren Dauerkrise des Landes lag.

Zugleich sollte man sich gerade mit Blick auf den Oktober davor hüten, eine Zwangsläufigkeit in die Entwicklung hineinzulesen. Sicher war die Regierung mit ihrer Weisheit am Ende. Spätestens seit August verbreitete sich das Gefühl, dass die entscheidende Kraftprobe bevorstand. Aber nicht nur die Stützen des Regimes dachten dabei an die konstituierende Versammlung, die eine neue Verfassung ausarbeiten und damit auch den Weg des Landes prägen sollte. Auch die meisten bolschewistischen Führer gingen davon aus, dass sich der Knoten gewaltlos lösen würde. Nach dem gescheiterten Putschversuch von General Lawr Kornilow Ende August sahen sie sich auf dem besten Weg, zur Mehrheitspartei zu werden. Man brauchte nur wie bisher in die Fabriken und Kasernen auszuschwärmen und die weitere Untätigkeit der Regierung abzuwarten. Im Sinn dieser legal-parlamentarischen Strategie sprach sich das Zentralkomitee der Bolschewiki, Trotzki eingeschlossen, auch für die Teilnahme an der „Demokratischen Konferenz“ aus, mit der die Provisorische Regierung um Unterstützung werben wollte.

Der „Donnerschleuderer“: Lenins kaum zu überschätzende Rolle

Es war erneut ein Einzelner, der die Imperative der aktuellen Lage anders deutete und mit der ihm eigenen Energie zur Geltung brachte: Lenin. Im Vorfeld des Oktober-Putschs wiederholten sich die inneren Kämpfe vom April; immerhin benötigte der Führer einen ganzen Monat, um die Partei auf seine Linie zu bringen. Mit der Deutung der Bolschewiki als „Verschwörerzirkel“ verträgt sich dieser Befund schlecht. Aber er zwingt ein weiteres Mal dazu, über die kaum zu überschätzende Bedeutung der Persönlichkeit Lenins nachzudenken.

Der neuerliche Blitz des „Donnerschleuderers“ – wie der allgegenwärtige Chronist des Revolutionsjahrs, der Journalist Nikolai Suchanow, ihn nannte – traf das Zentralkomitee Mitte September in Gestalt von Briefen Lenins aus dem Untergrund. Tonfall und Inhalt wirkten wie Faustschläge. Kaum zwei Wochen nach der Wiederzulassung der Partei im Gefolge der Niederschlagung des Kornilow-Putschs empfahl ihr Führer die bedingungslose Offensive. Mit der ihm eigenen Unbeirrbarkeit hämmerte er den Genossen ein, dass die Regierung abgewirtschaftet habe. Es genüge, die „aktive Mehrheit der revolutionären Elemente“ in den beiden Hauptstädten zu mobilisieren, um „die Macht zu erobern“. Man brauche nur dem Deutschen Reich „unverzüglich einen demokratischen Frieden“ anzubieten, „den Boden an die Bauern“ zu geben und die demokratischen Einrichtungen wiederherzustellen, um eine „Regierung zu bilden, die niemand stürzen“ könne. Mit den Petrograder und Moskauer Räten im Rücken dürfe man keinen Tag länger zögern.

Darin, so argumentierte Lenin weiter, bestehe die von Marx geforderte „Kunst des Aufstands“, den rechten Zeitpunkt zu erkennen. Es sei „naiv, eine ‚formelle‘ Mehrheit der Bolschewiki“ abwarten zu wollen. Einen solchen Augenblick zu verpassen, sei „vollendete Idiotie oder vollendeter Verrat“. Dies war, von der taktischen Vorbereitung abgesehen, das Szenario des Oktober-Aufstands in komprimierter Form. Aber nicht nur das: Wer so redete, wusste sich im Einklang mit dem Weltgeist und scherte sich wenig um messbare Zustimmung und Proteste. Er bezog seine atemberaubende Selbstgewissheit aus dem Anspruch, den Gang der Entwicklung zu kennen. Umso stärker schlug zu Buche, dass seine Grundannahmen in der gegebenen Situation durchaus zutrafen.

Die Empfänger der Briefe waren ähnlich verstört wie Lenins Zuhörer im April. Auf einer eigens anberaumten Sitzung des Zentralkomitees standen Sinowjew und Kamenew wahrlich nicht allein. Vielmehr fand sich kein Einziger, der die rigorose Empfehlung akzeptiert hätte; alle waren der Meinung, dass sie den Aufschwung der Partei gefährde. So einmütig war die Ablehnung, dass beschlossen wurde, ihre Verbreitung zu verhindern und weiterhin eine friedliche Machtergreifung anzustreben.

Die Hoffnung galt dabei einem neuen gesamtrussischen Rätekongress, den dessen Zentrales Exekutivkomitee auf Druck der Bolschewiki für den 20. Oktober anberaumt hatte. Auch wenn seine Aufgaben auf Zuarbeiten für die konstituierende Versammlung beschränkt wurden, konnte sich niemand im Unklaren darüber sein, dass die Hauptfrage des Tages nicht auszuklammern war: ob „alle Macht den Räten“ zufallen oder das Februarregime fortbestehen sollte. Dies war umso eher zu erwarten, als Wahl und Zusammentreten der Konstituante schon Anfang August auf den 12. November (alle Angaben nach dem julianischen Kalender, der im

In den Wochen vor dem Putsch hatte sich Lenin in Finnland versteckt. Um seine Position innerhalb der Partei durchzusetzen, kehrte er zur entscheidenden Sitzung des Zentralkomitees verkleidet – ohne Bart und mit Perücke – nach Petrograd zurück.

Für die Erfolgschancen der Bolschewiki war es wichtig, das Militär auf ihre Seite zu bekommen. Das Foto von 1917 zeigt die Soldatenvertreter des Petrograder Sowjets bei einer Versammlung in der Duma.

20. Jahrhundert 13 Tage weniger anzeigte als der in Westeuropa geltende gregorianische Kalender) festgelegt worden waren. Wer immer im Land vollendete Tatsachen schaffen wollte, musste dies vorher tun.

Lenin wäre nicht der geborene Revolutionär gewesen, der er war, hätte er sich so leicht mundtot machen lassen. In der Sorge, die Parteiführung werde eine unwiederbringliche Gelegenheit verpassen, wiederholte er seine Forderungen in einer Flut von Briefen und Artikeln mit wachsender Ungeduld. Dabei konnte er weitere Krisensymptome ins Feld führen: die Eskalation der Gewalt auf den Dörfern, die Zuspitzung der Arbeitskämpfe in den Städten und nicht zuletzt die Ergebnisse der Moskauer Kommunalwahlen. Mit gutem Grund sprach Lenin von einem „gigantischen Sieg" und einer „klaren Mehrheit", über die ein Bündnis aus Bolschewiki und Linken Sozialrevolutionären verfüge. Als sich das Zentralkomitee weiterhin taub stellte, scheute er auch vor massivem Druck nicht zurück: Er erklärte seinen Rücktritt von der Parteiführung, wobei er sich die „Freiheit der Agitation" an der Basis vorbehielt.

Um der Drohung Nachdruck zu verleihen, verließ er sein finnisches Versteck Ende September und bezog – immer noch inkognito – am Rand Petrograds, im Arbeiterviertel Wyborg, Quartier. So nah am Ort des Hauptstadt-Geschehens fand er Mittel und Wege, das Zentralkomitee dazu zu zwingen, sich der Auseinandersetzung zu stellen. Anfang Oktober wurden seine Briefe im Petrograder Stadtkomitee bekannt. Obwohl ebenfalls gespalten, verlangte dieses eine eingehende Diskussion über den künftigen Kurs der Partei. Zugleich erlahmte der Widerstand an der Parteispitze. Als Erster wechselte Trotzki die Fronten und plädierte für einen Boykott des „Vorparlaments", mit dem die „revolutionäre Demokratie" (das heißt alle revolutionären Parteien) auf einen Kongress der konservativen Kräfte im Vormonat antwortete. Seinem Vorschlag schloss sich das gesamte bolschewistische Zentralkomitee am 5. Oktober mit der einzigen Gegenstimme Kamenews an. Zwei Tage später zogen die Bolschewiki aus dem Vorparlament aus.

Der Entschluss zum Putsch und die Frage der Umsetzung

Die entscheidende Sitzung fand weitere drei Tage später statt. Zur geheimen Zusammenkunft erschien erstmals seit Monaten Lenin, mit Perücke und bartlos, um persönlich für seine Thesen zu werben. Anwesend waren unter anderen Trotzki, Kamenew, Stalin, Sinowjew, Swerdlow, führender Organisator der Partei, Felix Dserschinski (1877–1926), bald Chef der berüchtigten Tscheka, Moissei Urizki (1873–1918), sein späterer Gehilfe in Petrograd, und die Vorkämpferin der Frauenemanzipation Alexandra Kollontai (1872–1952). Die entschiedensten Gegner eines Konfrontationskurses, Kamenew und Sinowjew, räumten zwar ein, dass ein erheblicher Teil der Arbeiter und Soldaten hinter der Partei stehe. Aber sie warnten vor übertriebenen Hoffnungen auf deren Unterstützung im Konfliktfall.

Beide hielten es nach wie vor für die einzig richtige Strategie, den Zerfall der Regierungskoalition zu beschleunigen und gemeinsam mit den Linken Sozialrevolutionären eine Mehrheit in der konstituierenden Versammlung anzustreben. Unter den Anwesenden war die Stimmung jedoch bereits umgeschlagen. Zwei Sympathisanten der Taktik der Legalität, der führende Moskauer Bolschewik Viktor Nogin (1878–1924) und der Vorsitzende des Allrussischen Gewerkschaftsbunds Alexei Rykow (1881–1938), fehlten. So verabschiedete die historische Zusammenkunft vom 10. Oktober eine von Lenin entworfene Resolution, die den „bewaffneten Aufstand" zur Aufgabe des Tages erklärte.

Kamenew und Sinowjew aber blieben bei ihrer Opposition. Sie

Deutsche Truppen besetzten im September 1917 Riga (im Bild: das Hauptquartier im Schwarzhäupterhaus). Um Petrograd vor einer möglichen deutschen Invasion zu schützen, wurde das Militärische Revolutionskomitee (MRK) gegründet – ein Gremium, das die Bolschewiki für ihre Pläne einspannten.

fanden Schützenhilfe im Petrograder Stadtkomitee und in der Militärorganisation der Partei, die ebenfalls daran zweifelte, dass ein erfolgversprechender Putsch überhaupt zu organisieren sei. Als die Mehrheit der greifbaren Führungsgenossen den Entschluss zum Gewaltstreich am 16. Oktober dennoch bestätigte, verteidigten die Widersacher ihren Standpunkt in der parteinahen, aber kritischen Zeitung „Neues Leben". Um die Durchführbarkeit seines Plans fürchtend, zeigte Lenin erneut, dass Toleranz nicht zu seinen politischen Tugenden gehörte: Er beantragte den Ausschluss der Opponenten aus der Partei. Allerdings verweigerte ihm das Zentralkomitee diesmal den vollen Gehorsam. Zwar nahm es den – wie freiwillig auch immer angebotenen – Rücktritt Kamenews an, begnügte sich aber im Übrigen damit, beide zu verpflichten, nicht weiter gegen die Entscheidung zu agitieren. Nicht zuletzt daran ist ablesbar, dass die offene Rebellion selbst im engsten Kreis der bolschewistischen Führung bis zur letzten Minute umstritten blieb.

Unterdessen liefen die Vorbereitungen auf vollen Touren. Propagandistisch hatte Trotzki mit seiner Auszugsrede im Vorparlament den Startschuss gegeben. Der Boykott war nur sinnvoll, wenn er bei den Massen Widerhall fand. Bolschewistische Redner scheuten sich in den folgenden Wochen denn auch nicht, die Ängste der Bevölkerung nach Kräften zu schüren: vor einer deutschen Besetzung, vor einem neuen Putsch von rechts, vor der Fortführung des Kriegs, vor dem Hunger. Sie versprachen einen sofortigen Waffenstillstand, die unverzügliche Aufteilung des Bodens, die Lösung der Versorgungsprobleme und umgehende Wahlen zur konstituierenden Versammlung.

Im Licht der späteren Geschehnisse verdient der Umstand besondere Beachtung, dass sich die Bolschewiki auch als Garanten der parlamentarischen Ordnung präsentierten. Kaum jemand scheint darin einen Widerspruch zur Forderung gesehen zu haben, „alle Macht den Räten" zu übergeben. Und kaum jemand scheint die Vagheit insbesondere der Aussagen zur Behebung der Versorgungskrise bemerkt oder sich Gedanken darüber gemacht zu haben, wie man sich die „Beschaffung von Brotgetreide in natura auf dem Dorfe" konkret vorzustellen hatte. Insbesondere den rhetorischen Künsten des allgegenwärtigen Trotzki war es zu verdanken, dass der Nebel nicht sichtbar wurde, der das bolschewistische Programm umgab. Es mag offen bleiben, ob die Herausforderer, wie Revolutionschronist Suchanow meinte, nichts als „hemmungslose und skrupellose Demagogie" anzubieten hatten – in jedem Fall nutzten sie die Mobilisierungschancen, die in den unbefriedigten Wünschen der Masse lagen, mit Erfolg.

Bei alledem blieb eine entscheidende Frage offen: wie die Machtergreifung ins Werk zu setzen war. Lenin war im Untergrund davon ausgegangen, dass die Partei einen Aufstand organisieren sollte. Im Zentralkomitee sah man dies jedoch anders. Zwar verfügten die „Roten Garden", die Miliz der Bolschewiki, wieder über Waffen, aber eine ernste Auseinandersetzung war damit nicht zu bestehen. Hinzu kamen erhebliche Zweifel an der Unterstützung durch Frontsoldaten und Bauern. Selbst die Befürworter einer Machtprobe suchten daher nach einer anderen Strategie. Die größten Risiken glaubten sie vermeiden zu können, wenn es gelänge, den Kommandostab der Rebellion, wie Trotzki vorschlug, „mit dem gewählten ... Sowjet" zu verbinden, „dem überdies Vertreter feindlicher Parteien angehörten". Eine Erhebung im Namen der Räte hatte die besten Chancen, den Makel einer eigenmächtigen Aktion zu tilgen: Sie konnte ihr die unverzichtbare Legitimität verleihen, die Gegenwehr der Regierung erschweren und den Zugang zu militärischen Ressourcen eröffnen.

Garnisonstruppen an die Front: der folgenreiche Fehler der Regierung

Für eine solche Absicht kamen einige Ereignisse wie gerufen, die sich völlig unabhängig von den Bolschewiki vollzogen und den Eindruck erwecken konnten, als hätten die Aufständischen auch noch den Zufall auf ihrer Seite. Nach der Besetzung Rigas waren deutsche Armee-Einheiten weiter vorgerückt. Spähtrupps erkundeten die Lage in Reval. Die Inseln vor Estland wurden eingenommen. Anfang Oktober musste mit einem Angriff auf die Hauptstadt gerechnet werden. Nicht ohne Dramatisierung, aber berechtigt erklärte der Chef des Generalstabs in der Duma, dass das Tor zur Ostsee wieder verschlossen und Russland in die Zeit vor Peter dem Großen zurückgeworfen worden sei. In dieser entscheidenden Situation fasste die Regierung den unglücklichen Beschluss, einige Petrograder Garnisonsregimenter für den Fronteinsatz vorzusehen.

Nichts spricht dafür, dass sie, wie die Bolschewiki demagogisch behaupteten, ernsthaft daran dachte, die Hauptstadt kampflos zu räumen. Aber manches deutet darauf hin, dass sie die Gelegenheit ergreifen wollte, um rebellische Soldaten aus dem Brennpunkt

des Geschehens zu entfernen. Militärisch waren jedenfalls Zweifel am Nutzen der Order angebracht, die der zuständige Kommandeur am 9. Oktober bestätigte. Politisch erwies sie sich als fatal. Die angedrohte Verlegung löste in der Garnison jenen entschlossenen Widerstand aus, auf den die Bolschewiki als zündenden Funken gewartet hatten. Abermals half die Regierung selbst, die Protestenergie zu erzeugen, die ihr zum Verhängnis wurde.

Ähnlich unbeabsichtigte und schlimme Folgen rief eine andere, im gleichen Zusammenhang ergriffene Maßnahme hervor. Angesichts des deutschen Vormarschs hielt auch das Exekutivkomitee des Petrograder Sowjets Vorbereitungen zur Verteidigung der Stadt für angezeigt. Zu diesem Zweck brachten die an der Regierung beteiligten Menschewiki und Sozialrevolutionäre den Antrag ein, ein Komitee zu gründen, das nicht nur entsprechende Pläne ausarbeiten, sondern auch die aufgebrachten Garnisonen beruhigen sollte. Die Bolschewiki widersprachen dem Vorschlag, konnten sich aber nicht durchsetzen. Als die Menschewiki ihre Resolution ebenfalls am 9. Oktober dem Plenum des Sowjets vorlegten, hatten sich die Opponenten eines anderen besonnen: Sie unterstützten den Vorstoß, gaben ihm aber durch Änderungsvorschläge eine völlig neue Wendung. Was als Hilfe und Vertrauensbildung für die Regierung gedacht war, verkehrte sich unter der wendigen Feder vor allem Trotzkis ins Gegenteil: zum Plan eines Komitees, das unter der Regie des Sowjets unabhängig Vorsorge für die „revolutionäre Verteidigung" der Hauptstadt treffen sollte. In dieser Form, die der Neigung der Delegierten, sich auf die eigenen Kräfte zu verlassen, offenbar entgegenkam, wurde der Antrag angenommen.

Es dauerte eine weitere Woche, bis das neugeschaffene Militärische Revolutionskomitee (MRK) am 16. Oktober seine endgültige organisatorische Gestalt erhielt. Wie es scheint, erkannte die bolschewistische Führung erst in diesen Tagen die Chance, es für die eigenen Ziele zu nutzen. Was auch sie bis dahin als Instrument zur Konterkarierung von Regierungsmaßnahmen betrachtet hatte, entpuppte sich als idealer Kommandostab für den anvisierten Aufstand.

Der „Rat der Volkskommissare" war das oberste ausführende Organ des bolschewistischen Regimes. Schwerbewaffnete Mitglieder der „Roten Garden" schützen die im Smolny-Institut untergebrachte Regierung.

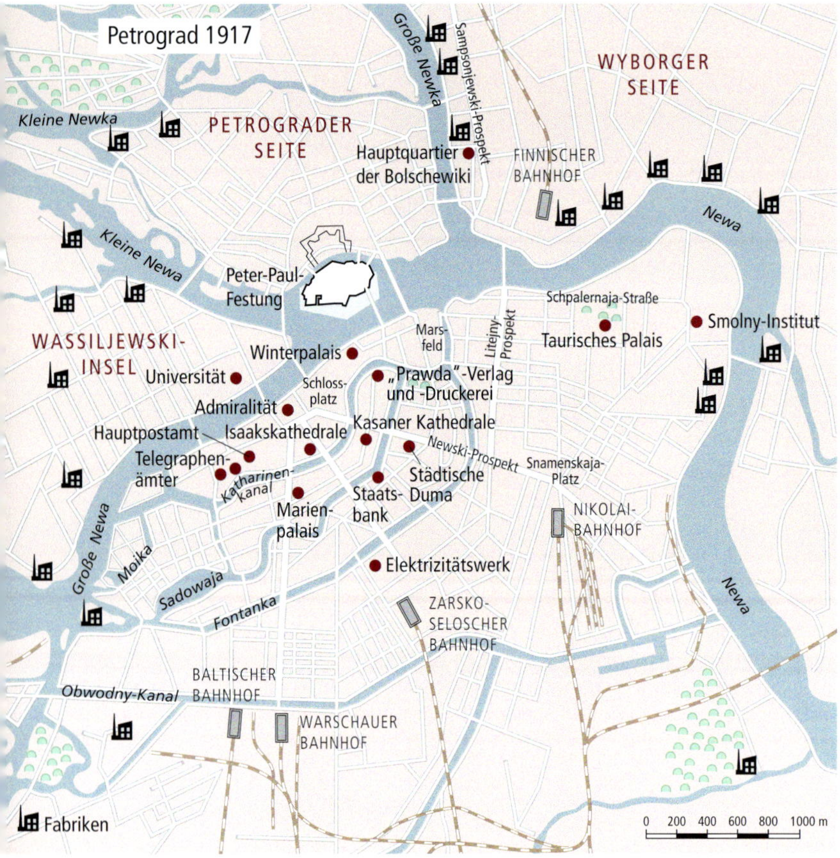

Die Parteiführung versäumte es denn auch nicht, die besten Kräfte aufzubieten: neben führenden Köpfen der parteieigenen Militärkommission wie Nikolai Podwoiski und Wladimir Antonow-Owsejenko vor allem Trotzki.

Solches Engagement dürfte dazu beigetragen haben, dass das MRK trotz der Teilnahme von Vertretern des Bauernsowjets, der Armee und der Flotte, von Fabrikräten und Gewerkschaften sowie der Linken Sozialrevolutionäre – und der Wahl eines ihrer Mitglieder zum Vorsitzenden – unter bolschewistische Kontrolle geriet. Das Komitee war, wie zur Vermeidung einer vorschnellen Vereinfachung betont werden sollte, anfangs nicht bloß zum Schein überparteilich. Andererseits schuf der massive Einzug bolschewistischer Prominenz die Voraussetzung für seine Umfunktionierung zum Sturz der Regierung im Schutz der Legalität des Sowjets. Treibende Kraft dieser Strategie war, wenngleich sich auch Lenin wenige Tage vor der Erhebung von ihrem Vorteil überzeugte, Trotzki.

Manches ließe sich als Beleg für die Behauptung anführen, dass der Staatsstreich bereits vor dem bald historischen Datum stattfand und sich unter den Augen der Öffentlichkeit vollzog. Genau besehen, fiel die Entscheidung im Kampf um die Kontrolle über die Petrograder Garnison. Schon in seiner ersten ordentlichen Sitzung am 20. Oktober beschloss das MRK, Kontakt zu den wichtigsten Einheiten aufzunehmen. Eine Rede Trotzkis vor der Garnisonsversammlung hinterließ am folgenden Tag eine solche Wirkung, dass die Bolschewiki die offene Herausforderung wagten. Am Abend desselben 21. Oktober verlangten Abgesandte des MRK vom Oberkommandierenden des Petrograder Militärbezirks das Recht zur Gegenzeichnung aller Befehle. Nach der selbstverständlichen Zurückweisung dieser Zumutung begann das Komitee unverzüglich, die Regimentskommandeure durch Offiziere eigener Wahl zu ersetzen. Es blieb der demonstrative Schlussakt am 23. Oktober: die Order an die neuen Befehlshaber, nur den Anweisungen des MRK Folge zu leisten. Als sowjettreue Einheiten binnen weniger Stunden auch die Kontrolle über das strategische Herz und älteste Bauwerk der Stadt, die Peter-und-Paul-Festung, samt Waffenarsenal gewannen, war der Sieg errungen, bevor die Schlacht überhaupt begonnen hatte.

All dies blieb nicht unbemerkt. Offene Aufforderungen an Trotzki, sich zu seinen „finsteren Machenschaften" zu bekennen, zeugen davon. Bis heute ist die Frage ohne zufriedenstellende Antwort geblieben, warum Kabinett und Militärbehörden dennoch keinen Widerstand leisteten. Das übersteigerte Selbstbewusstsein des Ministerpräsidenten Alexander Kerenski spielte sicher eine Rolle. Ob eine unkorrigierbar falsche Optik hinzukam, die den Feind nur rechts, aber nicht links erkannte, mag offenbleiben; dagegen spricht die Entschiedenheit, mit der die Regierung im Juli den Arbeiterunruhen in Petrograd (bei aller Inkonsequenz der Durchführung) begegnet war – immerhin waren die Bolschewiki kurzzeitig verboten worden. Der bereits erwähnte Chronist Suchanow fand letztlich nur im Psychologischen eine Erklärung, wenn er über die „völlige Naivität und das kindliche Gemüt unserer Marionettenregierung" spottete. Darin steckte so viel Wahrheit, dass die meisten nicht glauben wollten, was sie sahen.

Es wäre übertrieben zu sagen, dass Ministerpräsident Kerenski auf verlorenem Posten stand, als er sich schließlich mit Verspätung zur Gegenwehr entschloss. Aber seine Chancen hatten sich verschlechtert. Dass in Petrograd außer den Offiziersschülern kaum jemand für die Regierung kämpfen würde, dürfte ihm bewusst gewesen sein. Wenn er dem Kabinett in den ersten Stunden des 24. Oktober dennoch ankündigte, das MRK verhaften zu lassen, vertraute er auf Hilfe von der Front. Die Minister waren vorsichtiger und empfahlen, lediglich die bolschewistische Presse zu verbieten und die Rädelsführer des Juli wieder hinter Schloss und Riegel zu bringen – wohl in der Absicht, nicht alle Wege zu einer friedlichen Lösung zu versperren. Als das MRK wenig später von der Schließung der „Prawda" erfuhr, schlug es in den Garnisonen umgehend Alarm. Die Losung, unter der das geschah, war ebenso bezeichnend wie irreführend: „Der Petrograder Sowjet ist in unmittelbarer Gefahr." Der Angriff verwandelte sich in die Verteidigung gegen „konterrevolutionäre Verschwörer". Auch die bolschewistischen Parteigremien traten unverzüglich zusammen. Das Petrograder Stadt- und einige Bezirkskomitees votierten für den sofortigen Aufstand. Dagegen legte sich das Zentralkomitee nicht fest.

Stunden der Entscheidung: mit der Straßenbahn zur Weltrevolution

Immer noch plädierte die bolschewistische Führung lediglich für eine Sammlung der Kräfte und hielt sich die Möglichkeit offen, den zweiten „Allrussischen Sowjetkongress" abzuwarten, der am nächsten Tag endgültig zusammentreten sollte. Allerdings machte sie ihre Rechnung ohne Lenin, den es nun nicht länger in der erzwungenen Tatenlosigkeit hielt. Am frühen Abend des 24. Oktober wandte er sich im Alleingang erneut an die Parteibasis. Eindringlich rief er die Bezirksorganisationen mit den oft zitierten Worten zur sofortigen Aktion auf: „Die Regierung wankt. Man muss ihr den Rest geben, koste es, was es wolle. Eine Verzögerung der Aktion bedeutet den Tod." Danach begab er sich, der Anweisung des Zentralkomitees ein weiteres Mal zuwiderhandelnd, zum Petrograder Sowjet. Wie er dies tat, ist oft als Beleg für die Unfähigkeit der Regierung angeführt worden: Er fuhr in der Straßenbahn zur Weltrevolution. Denn obgleich Trotzki und das MRK den Umsturz längst vorbereitet hatten – erst mit der Ankunft Lenins im Smolny-Institut, dem neuen Quartier des Sowjets seit August, fielen die Würfel.

Unterdessen bemühte sich Kerenski um Unterstützung. Noch blieb Zeit für Reden und Verhandlungen. Adressat seiner Werbung war nicht mehr der Sowjet, sondern das Vorparlament. Im Marienpalais erntete er zwar Ovationen für seine heldenmütige Beteuerung, lieber in den Tod gehen als kapitulieren zu wollen. Aber er musste sich nicht nur die Kritik der Linken Sozialrevolutionäre gefallen lassen. Auch ein Redner der menschewistischen und sozialrevolutionären Mehrheit beschwor den Ministerpräsidenten, sichtbare Anstrengungen zu unternehmen, um die „Bedürfnisse" des Volks zu befriedigen. Nur in einem Sofortprogramm für Land und Frieden sah dieser eine Grundlage für die Hoffnung, die Kraftprobe zu bestehen. Zu Recht vermisste Kerenski eine klare Solidaritätsbekundung. Mündliche Versicherungen bewogen ihn dennoch, auf den angedrohten Rücktritt zu verzichten. Man überdeckte den offenkundigen Dissens. Wohl auch deshalb blieb der Schulterschluss folgenlos. Der Ministerpräsident verkündete keine durchgreifende Reform und vertat damit die allerletzte Chance, den Bolschewiki den Wind aus den Segeln zu nehmen.

Bei Licht besehen, bedurfte es der von Lenin zitierten „Kunst des Aufstands" gar nicht, um dem wankenden Regime den „Todesstoß" zu versetzen. Was zu tun war, lag auf der Hand. Die Strategen des MRK kannten die wenigen zentralen Punkte und Einrichtungen, die im Handstreich genommen werden mussten. Wohl fehlte ihnen eine wirkliche militärische Streitmacht, die einen längeren Kampf hätte bestehen können. Aber angesichts des Mangels an Gegenwehr reichte die Kontrolle über die Garnisonsregimenter aus. Den „Roten Garden", in Petrograd etwa 15 000 bis 20 000 Mann, blieb die Feuerprobe erspart. Am 25. Oktober um zwei Uhr morgens besetzten Soldaten den Nikolai-Bahnhof der Strecke nach Moskau, wenig später das Elektrizitätswerk, das Post- und Telegrafenamt, die Staatsbank und die wichtigsten Brücken und Plätze. Auf der Newa richtete der Panzerkreuzer „Aurora" seine Kanonen auf den Winterpalast. Als um acht Uhr Soldaten des MRK auch im Warschauer Bahnhof patrouillierten, war der Machtwechsel in Petrograd faktisch bereits vollzogen – kampflos und ohne Blutvergießen, eher eine „Wachablösung" (Suchanow) als ein Umsturz. Eine Stunde später floh Kerenski in einem Auto der amerikanischen Botschaft nach Pskow, um im Hauptquartier der Nordfront um Hilfe zu bitten.

Was folgte, waren Nachhutgefechte von eher symbolischer Bedeutung. Gegen Mittag lösten Soldaten, ohne Verhaftungen, das Vorparlament auf – ein Vorgeschmack auf das Schicksal der konstituierenden Versammlung. Um dieselbe Zeit umzingelten aufständische Regimenter und „Rote Garden" den Winterpalast und forderten die Regierung zur Kapitulation auf. Vor allem Lenin drang auf ein schnelles

Ende. Nach wie vor hielt er es für lebenswichtig, die legale Autorität vor dem Zusammentritt des Allrussischen Sowjets zu stürzen. Man wird nicht fehlgehen, darin einen Rest von Unsicherheit über die Stimmung der Delegierten aus der Provinz zu vermuten.

Die Minister, die den Tag in demonstrativer Normalität begonnen hatten, versagten ihm jedoch einen raschen Erfolg. Sie bewiesen Mut und harrten aus. Ihr Widerstand ehrte sie, konnte aber nicht mehr sein als eine Geste. In den ersten Morgenstunden des 26. Oktober, als das Frauen-Elitebataillon unter den wenigen Verteidigern schon kapituliert hatte, verschafften sich die Angreifer Zutritt zum Palast. Entgegen der späteren Legende – wie sie der berühmte Regisseur Sergei Eisenstein zum zehnten Jubiläum 1927 in einem Filmklassiker („Oktober. Zehn Tage, die die Welt erschütterten") inszenierte – war ein Sturmangriff gar nicht nötig: Die Verteidiger hatten nämlich vergessen, die hinteren (zur Newa gelegenen) Pforten des riesigen Gebäudes zu verschließen. Es war ein Leichtes, hier einzudringen und das versammelte Kabinett zu verhaften.

Die Sieger warteten mit ihrer Feier nicht so lange. Lenin war der psychologische Vorteil vollendeter Tatsachen so wichtig, dass er bereits am Vormittag des 25. Oktober eine Proklamation hatte drucken lassen, die den Sturz der Provisorischen Regierung im ganzen Land verkündete. Am frühen Nachmittag gab Trotzki im Petrograder Arbeiter-und-Soldaten-Rat das abermalige Ende eines Regimes in Russland bekannt. Als Lenin den Saal betrat, sich zum ersten Mal seit der Juli-Krise in der Öffentlichkeit zeigend, erhoben sich die Delegierten von den Plätzen und empfingen ihn mit stürmischem Jubel. In seiner kurzen Rede rief er nicht nur eine neue, allein von den Räten getragene Regierung „ohne Beteiligung irgendeines Bourgeois" aus. Er sprach auch von einer weiteren, der „dritten russischen Revolution", die „letztlich ... zum Sieg des Sozialismus" führen müsse. Der Machtwechsel – und das war gerade den

Der Kreuzer „Aurora" richtete am 25. Oktober 1917, zum Beginn der Oktoberrevolution, seine Kanonen auf das direkt an der Newa liegende Winterpalais, Sitz der Provisorischen Regierung.

Nach der Februarrevolution war in Russland das erste Frauenbataillon gebildet worden. Es sollte die russischen Soldaten, die im Ersten Weltkrieg kämpften, zu Höchstleistungen motivieren. In der Nacht zum 26. Oktober dienten Teile des Bataillons im Winterpalais.

Gegnern klar – sollte kein bloßes Stühlerücken am Kabinettstisch sein.

Trotz aller zur Schau getragenen Zuversicht suchte Lenin die Eröffnung des zweiten Allrussischen Kongresses der Arbeiter- und Soldatendeputierten so lange wie möglich hinauszuzögern. Am späten Abend ließen sich die 739 Delegierten nicht länger vertrösten. Die Abstimmungen zeigten, dass 338 von ihnen Bolschewiki waren, 211 Sozialrevolutionäre (mehr als die Hälfte davon gehörte zur Abspaltung der Linken Sozialrevolutionäre), 69 Menschewiki und 20 Menschewiki-Internationalisten (die den Bolschewiki nahestanden); die Übrigen rechneten sich zu den kleineren sozialistischen Parteien oder allgemein zum revolutionären Lager. Im Vergleich zum ersten Kongress im Juni konnten die Bolschewiki einen beachtlichen Erfolg verbuchen.

Gewiss bestätigte die Verdreifachung ihrer Mandatszahl den Stimmungsumschwung im Land ein weiteres Mal. Aber Lenins Befürchtungen hatten insofern eine Grundlage, als die Bolschewiki keine eigene Mehrheit besaßen. Sie brauchten die Hilfe der Linken Sozialrevolutionäre. Eine Erprobung dieser Allianz erwies sich allerdings als unnötig. Die Bolschewiki hatten leichtes Spiel. In der Kernfrage stand der Kongress fester im radikalen Lager, als es die erklärte Parteizugehörigkeit erwarten ließ. Auf einem Fragebogen gaben 505 seiner Mitglieder an, dass sie in der Absicht gekommen seien, „alle Macht den Räten" zu übergeben. Weitere 86 wollten eine „demokratische Regierung" unter Einschluss von Gewerkschaften und Kooperativen, der Bauernsowjets und ähnlicher Organisationen unterstützen. Für die Aufnahme von Vertretern der besitzenden Schichten, aber gegen die regierungstreuen Konstitutionellen Demokraten votierten 21 Delegierte. Und nur 55 sprachen sich für die Fortsetzung der bestehenden Koalition aus.

Es war, wie erneut Chronist Suchanow zu berichten wusste, ein anderer Typus von Volksvertretern als im Juni, der nun aus den Schützengräben und den „dunkelsten Winkeln" des Landes herausgekrochen war: „ungehobelte und finstere Gestalten; ihre Ergebenheit gegenüber der Revolution bestand aus Verbitterung und Verzweiflung, ihr ‚Sozialismus' aus Hunger und einem unstillbaren Drang nach Ruhe". Hinzu kam, dass die Opposition von Beginn an dazu neigte, das Feld kampflos zu räumen. Als das Präsidium des Kongresses neu gewählt wurde, verzichte-

Obwohl die bewaffneten Kräfte der Bolschewiki (Foto) nicht sonderlich stark waren, stellten sich ihnen vorerst keine regierungstreuen Truppen entgegen. Es fehlte an einer entschlossenen politischen Führung.

te sie darauf, die ihnen zugewiesenen Sitze einzunehmen. So blieben die 14 Bolschewiki und sieben Vertreter der Linken Sozialrevolutionäre unter sich.

Die Debatte begann mit dem überraschenden Vorschlag des Sprechers der internationalistischen Menschewiki Juli Martow, zuallererst einen friedlichen Ausweg aus der Krise zu suchen. Eine Form der Staatsgewalt müsse gefunden werden, die sich auf die gesamte „revolutionäre Demokratie" stützen könne. Die Linken Sozialrevolutionäre schlossen sich an, so dass auch den Bolschewiki nichts anderes übrigblieb, als ihr Einverständnis zu erklären.

Indes wurde die Chance schnell vertan. Vor dem Beginn der inhaltlichen Erörterung machten Abgeordnete der Menschewiki und Sozialrevolutionäre ihrem Unmut Luft. Sie warfen den Bolschewiki vor, den Kongress verhöhnt und eine militärische Verschwörung angezettelt zu haben. Als einzigen Ausweg schlugen sie sofortige Verhandlungen mit der Provisorischen Regierung vor; andernfalls, so kündigten sie an, würden sie die weitere Arbeit des Sowjets boykottieren.

In der Sache trafen solche Äußerungen unbestreitbar ins Schwarze, politisch aber waren sie unklug. Sie lösten nicht nur Tumulte und Protestgeschrei aus, sondern provozierten auch einen Stimmungsumschwung. Schwankende Parteigänger scharten sich um Lenin und Trotzki und verteidigten einen Coup, dessen Bedenkenlosigkeit sie durchaus mit Skepsis erfüllte. Vieles spricht für das Urteil Suchanows, dass die (rechten) Menschewiki und Sozialrevolutionäre den Bolschewiki keinen besseren Dienst hätten erweisen können, als diese schicksalhafte Versammlung zu verlassen. Sie verschafften ihnen so eine problemlose Mehrheit und befreiten sie von dem Zwang, den durchaus attraktiven Gedanken einer Regierung aller Sowjetparteien abwehren oder akzeptieren zu müssen. Ihr überhasteter Schritt ebnete jener Deutung des Umsturzes den Weg, die den Aufständischen sicher vorschwebte, aber nicht zutreffen musste: dass die gesamte Macht nicht den Räten, sondern den Bolschewiki und ihren Gehilfen zugefallen sei.

„Geht ... auf den Kehrichthaufen der Geschichte“: die Machtübernahme

Andererseits muss offen bleiben, ob Martows Resolutionsentwurf eine Mehrheit gefunden hätte. Er setzte eine Konsensbereitschaft voraus, die sich längst aufgerieben hatte. Es war Trotzki, der seinem einstigen Lehrer (er hatte bekanntlich als Menschewik begonnen) die Sachlage in berühmt gewordenen, schneidenden Worten klarmachte: „Der Aufstand der Massen bedarf keiner Rechtfertigung. Was geschehen ist, war ein Aufstand und keine Verschwörung ... Wir haben den Willen der Massen offen für einen Aufstand geschmiedet, nicht für eine Verschwörung. Die Volksmassen folgten unserem Banner, und unser Aufstand hat gesiegt. Und nun schlägt man uns vor: Verzichtet auf euren Sieg, erklärt euch zu Konzessionen bereit, schließt einen Kompromiss. Mit wem? Ich frage: Mit wem sollen wir einen Kompromiss schließen? Mit jenen kläglichen Gruppen, die hinausgegangen sind, oder denen, die diesen Vorschlag machen? ... Hinter ihnen steht doch niemand mehr in Russland ... Nein, hier ist kein Kompromiss mehr möglich. Denen, die hinausgegangen sind, und denen, die uns Vorschläge machen, müssen wir sagen: Ihr seid klägliche Bankrotteure, eure Rolle ist ausgespielt; geht dorthin, wohin ihr gehört: auf den Kehrichthaufen der Geschichte.“ Angesichts des lauten Beifalls, mit dem diese Brüskierung quittiert wurde, sah auch Martows kleines Fähnlein Aufrechter keinen anderen Weg mehr, als den Saal zu verlassen.

Es blieben die Linken Sozialrevolutionäre. Ihr Sprecher übte zwar ebenfalls Kritik an Trotzkis unversöhnlicher Härte und warnte davor, die Brücken zur anderen Seite der revolutionären Demokratie ganz abzubrechen. Aber er bekräftigte zugleich den Willen seiner Fraktion, die neue Re-

„Der Sturm auf das Winterpalais“, die bekannteste Legende des Oktober-Putschs, fand so am 26. Oktober 1917 nicht statt. Die Angreifer stießen auf keinen größeren Widerstand. Regisseur Sergei Eisenstein inszenierte 1927 die berühmten Bilder für seinen Film „Oktober“.

Verwaltungsgliederung im europäischen Russland

gierung mitzutragen. Mit ihren Stimmen nahm der Rumpfkongress in den frühen Morgenstunden des 26. das historische Manifest an, das zum Gründungsakt des Sowjetregimes wurde und unter anderem verkündete: „Getragen von der überwältigenden Mehrheit der Arbeiter, Soldaten und Bauern und gestützt auf den siegreichen Aufstand der Arbeiter und der Garnison von Petrograd, beschließt der Kongress hiermit, die Regierungsmacht in seine Hände zu nehmen. Die Provisorische Regierung ist abgesetzt und die Mehrheit ihrer Mitglieder verhaftet ... Der Kongress beschließt, dass alle lokale Befehlsgewalt auf die Räte der Arbeiter-, Soldaten- und Bauerndeputierten übertragen wird, die den Auftrag erhalten, die revolutionäre Ordnung durchzusetzen."

Was den Siegestaumel der Bolschewiki einzig dämpfen konnte, war die Flucht Kerenskis. Binnen weniger Tage zeigte sich jedoch, dass kein Grund zu allzu großer Sorge bestand. Die verfügbaren Truppen waren so weit zerstreut, dass nur wenige mit schlechter Bewaffnung nach Petrograd in Bewegung gesetzt werden konnten, vor dessen Toren sie am 27. Oktober Stellung bezogen. Größere Gefahr ging von der Opposition der Eisenbahnergewerkschaft aus. Ihr sozialrevolutionär-menschewistisch beherrschtes Zentralbüro setzte alles daran, die streitenden Parteien im Sinne der Martow'schen Resolution an einen Tisch zu bringen.

Der „Aufstand der Arbeiter und der Garnison" wird ins Land hinausgetragen

Angesichts der Streikandrohung konnten die Bolschewiki ihre Teilnahme nicht versagen. Man hat plausibel argumentiert, dass sie in diesen Tagen, zwischen dem 29. und dem 31. Oktober, in die Zange genommen von einer mächtigen Gewerkschaft und regierungstreuen Soldaten, zu substantiellen Konzessionen bereit gewesen wären. Nur fehlte die politische Kraft, die ihre Zwangslage hätte ausnutzen können. Menschewiki und Mehrheits-PSR, also der nicht-militante Teil der Sozialrevolutionäre, zogen es vor, in der selbstgewählten Defensive zu verharren. Das neue Regime suchte unterdessen die offene Schlacht. Sie fand am 30. Oktober auf den Höhen von Pulkowo vor den Toren Petrograds statt. Die Truppen des MRK bestanden ihre eigentliche Feuerprobe. Kerenski musste sich zurückziehen und floh ins Ausland.

Ganz anders verlief die bolschewistische Machtergreifung in Moskau. Dort leistete das Februarregime den zähesten Widerstand. Mehrere Ursachen kamen dabei zusammen. Der Aufstand wurde in der alten Hauptstadt nicht von langer Hand vorbereitet. Es gab kein analoges Gremium zum Militärischen Revolutionskomitee (dessen eigentliche Aufgabe ja auch darin bestand, Petrograd vor den deutschen Truppen zu schützen); und der Vorsitzende des örtlichen Arbeitersowjets Viktor Nogin war zwar Bolschewik, gehörte aber zu den Gegnern eines Alleingangs.

Als er dem Exekutivkomitee am 26. Oktober von den Petrograder Ereignissen berichtete, klagte er wohl aufrichtig darüber, dass sich die anderen sozialistischen Parteien „verweigert" hätten. Dennoch war eine bewaffnete Konfrontation nicht zu vermeiden, weil es in Moskau besonders viele antibolschewistische Offiziere und Militärkadetten gab, die sich dem Widerstand der Zivilbehörden unter ihrem Bürgermeister, dem prominenten („rechten") Sozialrevolutionär Wadim Rudnew (1874–1940), anschlossen. Mehr als eine Woche lang lieferten sich beide Seiten heftige Straßenkämpfe, die mehrere hundert Todesopfer forderten und die Kunstschätze des Kreml nicht verschonten. Nach der Mobilisierung all ihrer Kräfte

In Moskau kam es zu heftigen Straßenkämpfen zwischen den Verbänden der Sowjets und regierungstreuen Truppen (Propagandagemälde). Erst am 3. November setzten sich die Bolschewiki durch.

setzten sich die Verbände des Sowjets am 3. November schließlich durch. Entscheidend dafür war auch in Moskau die Garnison: Kaum ein einfacher Soldat ergriff für die Provisorische Regierung Partei.

Drei Tote und anderthalb Dutzend Verwundete waren auch in Saratow an der mittleren Wolga zu beklagen, wo die Mehrheitssozialrevolutionäre und Menschewiki die städtische Duma samt Stadtverwaltung dominierten. Sowjet-Truppen umstellten das Gebäude am 28. Oktober und stürmten es nach ergebnislosen Verhandlungen am nächsten Tag.

Im restlichen Russland aber hatten die Bolschewiki ähnlich leichtes Spiel wie in der Hauptstadt. Dabei lassen sich im Wesentlichen drei typische Konstellationen und Abläufe unterscheiden. Im sogenannten Zentralen Gewerbegebiet, der Großregion um Moskau, und im Ural, wo es eine nennenswerte Industrie und Arbeiterschaft gab, bildeten die Bolschewiki in aller Regel die stärkste Kraft im Sowjet. Dort erreichten sie, wie in der Textilstadt Iwanowo-Wosnessensk, ihr Ziel meist ebenfalls, ohne einen einzigen Schuss abzugeben. Der Aufstand nahm die Form eines Mehrheitenwechsels im Rat an.

Nicht selten beteiligten sich Sozialrevolutionäre und Menschewiki an den neugeschaffenen revolutionären Gremien, ohne dass sie sich auf Dauer Einfluss und Mitwirkung zu sichern wussten. In den großen Städten mit gemischter wirtschaftlicher Struktur und einem erheblichen Gewicht des Handels wie Nischni Nowgorod (Gorki), Samara (Kuibyschew), im erwähnten Saratow oder in Kasan blieb das Kräfteverhältnis in den Räten ausgewogener. An verschiedenen Orten konnte sich die menschewistisch-sozial-revolutionäre Mehrheit über den Oktober hinaus behaupten. Träger der Radikalisierung waren in diesen Fällen meist die Fabrikkomitees und Garnisonen. Sie verhalfen den Bolschewiki, allerdings deutlich später, zur beherrschenden Stellung.

In den zahlreichen vom Handel bestimmten und stark agrarisch geprägten mittelgroßen Städten des sogenannten Zentralen Landwirtschaftsgebiets (wie Kursk, Woronesch, Orel oder Tambow) vermochten die Bolschewiki meist nicht genügend Anhänger zu mobilisieren, um einen Aufstand wagen zu können. Hoffnungsträger der Bevölkerung blieben dort die Sozialrevolutionäre, deren linker Flügel auch die Initiative übernahm. Wo sie sich anschickten, gegen die neue Ordnung vorzugehen, griffen die Garnisonen oder auswärtige Hilfstruppen der Bolschewiki ein. Der Aufstand wurde hier sozusagen importiert.

Besondere Verhältnisse herrschten in den frontnahen und den nicht-russischen Gebieten. Soweit die Soldaten in der Überzahl waren, diktierten sie auch in diesen Regionen das Geschehen im bolschewistischen Sinn. Wenn Nationalitätenkämpfe ausbrachen, bemühten sich die neuen Machthaber mit erheblichem Erfolg, die Unabhängigkeitsbewegungen auf ihre Seite zu bringen. Über die Durchsetzung der bolschewistischen Herrschaft sollte hier erst der Bürgerkrieg entscheiden.

Der Transfer der Macht auf bolschewistisch beherrschte Räte ließ mithin in der Provinz ganz ähnliche Wesenszüge wie in der Hauptstadt erkennen. In der Regel verlief er friedlich und undramatisch. Obwohl die Zahl der aktiven Teilnehmer bemerkenswert gering war, vollzog er sich auf dem Fundament zumindest der passiven Zustimmung vor allem der Soldaten und strategisch bedeutsamer Gruppen der Arbeiter. Wo die lokalen Kräfte nicht ausreichten, setzten die neuen Herren zudem ihre frisch eroberte zentrale Hegemonie ein, um eine Wende in ihrem Sinn herbeizuführen.

Im Endeffekt kontrollierten die Bolschewiki schon in den ersten Novembertagen – mit Lücken vor allem auf dem Land und in den Kreisstädten – einen breiten Gebietsgürtel im nördlichen Zentralrussland, der von der Westfront über die Nordfront bis zur mittleren Wolga und zum Ural reichte. Zumeist hatte es in diesen Gebieten schon vor dem „Roten Oktober" starke bolschewistische oder sonstige linksrevolutionäre Kräfte gegeben. Nicht zuletzt diese Tatsache macht erneut den Zusammenhang mit den vorherigen Entwicklungen deutlich: So skrupellos und hinterhältig die Bolschewiki vorgingen, außer Frage steht auch, dass ihnen die Provisorische Regierung den Boden bereitete – durch ihr Unvermögen, die Versorgungsprobleme zu lösen, durch eine sinnlose Frontoffensive, durch die Verschiebung der Landreform, durch ihre Blindheit für die Dynamik der sozialen Revolution und durch ihre gesamte Unfähigkeit, das Machtvakuum zu füllen, das der Zerfall der alten Herrschaft und Verwaltung hinterließ.

Prof. Dr. Manfred Hildermeier

Eine Partei neuen Typs

Alle Macht den Bolschewiki

Helmut Altrichter

Rigoros, der Logik ihrer eigenen Radikalität folgend, verdrängten die Bolschewiki nach der Machtübernahme alle anderen Parteien aus dem politischen Prozess. Konsequent verschmolzen sie die Einparteienregierung zum Einparteienstaat.

Hauptstädtische Regimenter (hier die „Wolhynier") hatten sich im Frühjahr 1917 auf die Seite der Aufständischen gestellt und der Februarrevolution damit zum Sieg verholfen. In seinen Aprilthesen versprach Lenin den Soldaten einen sofortigen Friedensschluss, was nach der Oktoberrevolution auch geschah.

Wer waren die Bolschewiki, diese Anhänger Lenins, die im Herbst 1917, in einem bewaffneten Aufstand (ihrer „Oktoberrevolution"), die bürgerliche Provisorische Regierung stürzten, die sich im Frühjahr nach hauptstädtischen Hungerunruhen, Arbeiterstreiks und der Abdankung des Zaren (der „Februarrevolution") gebildet und vorläufig (eben „provisorisch") die Regierungsgeschäfte übernommen hatte? Noch Anfang des Jahres 1917 waren die Bolschewiki eine kleine marxistische Splittergruppe gewesen, deren Führung im westlichen Ausland oder in der sibirischen Verbannung saß. Mit dem Ausbruch der Februarrevolution hatten sie nichts zu tun gehabt, und auch in den neugebildeten Arbeiter-und-Soldaten-Räten waren sie nur eine kleine Minderheit gewesen.

Erst die Rückkehr Lenins aus dem Schweizer Exil im April 1917 bescherte ihnen größere Aufmerksamkeit. Kaum in Petrograd angekommen, verordnete er seinen überraschten Anhängern ein neues Sofortprogramm. In seinen „Aprilthesen" forderte er, der Provisorischen Regierung die Unterstützung aufzukündigen und sofort Frieden zu schließen. Auf die „bürgerliche Revolution", die die zarische Autokratie gestürzt hatte, sollte sogleich eine „sozialistische" folgen, die die Banken zu einer Nationalbank zusammenschloss, den Arbeitern die Kontrolle in den Fabriken übertrug, den adligen Grundbesitz enteignete und den Bauern den Boden zur Bewirtschaftung übergab. Die Provisorische Regierung sollte gestürzt und alle Macht im Staat den Arbeiter-und-Soldaten-Räten übertragen werden. Ein Rätestaat, in dem es den alten Beamten-, Justiz- und Militärapparat nicht mehr gab und Deputierte jederzeit abberufen werden konnten, sei demokratischer als der westliche Parlamentarismus, behauptete Lenin.

Mit diesem Programm kündigten die Bolschewiki nicht nur die Kooperation mit den anderen Parteien auf; sie schienen sich vollständig zu isolieren. Schon angesichts der Tatsache, dass die Räte, denen „alle Macht" übertragen werden sollte, im Frühjahr, nur

Am sogenannten Blutsonntag, dem 9. Januar 1905, eröffneten Soldaten des Zaren das Feuer auf die Teilnehmer einer friedlichen Demonstration von Arbeitern. Zahlreiche Menschen starben (Gemälde von Sergei Iwanow, 1905).

wenige Wochen alt, die Macht gar nicht haben wollten. Für zusätzliche Irritationen, auch innerhalb der eigenen Reihen, sorgte, dass dieses Programm weder zu bisherigen bolschewistischen Grundüberzeugungen noch zu ihrem Selbstverständnis als „marxistische Arbeiterpartei" so recht zu passen schien.

Gespaltene Sozialdemokraten: die Geburt der „Kaderpartei der Berufsrevolutionäre"

Historisch gesehen waren die Bolschewiki der linke Flügel der Russländischen Sozialdemokratischen Arbeiterpartei. Sie war – als Dachorganisation für die im Land existierenden marxistischen Gruppen – im März 1898 von neun Aktivisten in Minsk gegründet worden. Selbst wenn man deren Treffen später als „I. Parteitag" feierte, war ein Großteil der Delegierten bereits wenig später verhaftet und eine Parteiorganisation im engeren Sinn nicht geschaffen worden. So blieb die Wirkung gering, und der II. Parteitag (in Brüssel und London 1903) war de facto der erste: Er sollte der Partei eine schlagkräftige, zumindest handlungsfähige Organisation, eine Führung und ein publizistisches Zentralorgan, ein festes Programm und ein Organisationsstatut geben. Tatsächlich führte er zur Spaltung.

Hauptstreitpunkt zwischen Lenin und seinen Widersachern war der Paragraph 1 der Parteistatuten. Es ging um die Frage, ob es genüge, wenn ein Parteimitglied das Programm anerkenne, seine Beiträge bezahle und die Parteiarbeit unterstütze, oder ob jedes Mitglied, wie Lenin dies forderte, auch persönlichen Einsatz zeigen müsse. Die kontrovers diskutierten Formulierungen unterschieden sich nur durch Nuancen, aber hinter den Nuancen verbargen sich unterschiedliche Organisationsmodelle, mehr noch: Differenzen über Aufgaben und Ziele, Strategie und Taktik der russischen Sozialdemokratie.

Anders als seine innerparteilichen Gegner orientierte sich Lenin nicht am Leitbild einer mitgliederstarken Massenpartei, wie die SPD eine war. Die Bedingungen des zaristischen Polizeiterrors, so hatte Lenin ein Jahr zuvor in der Schrift „Was tun?" ausgeführt, erforderten strengste Konspiration. Eine Massenorganisation sei zu schwerfällig, ein mehrfach abgestuftes innerparteiliches Wahlsystem zu umständlich, und Statuten, die alles und jedes demokratisch regelten, erleichterten nur der Polizei die Observation. Nur als straff organisierte Kaderpartei, mit Mitgliedern, die die Revolution zu ihrem Beruf machten, könne die noch junge russische Sozialdemokratie überleben. „Ein kleiner, festgefügter Kern der zuverlässigsten, erfahrensten und gestähltesten Arbeiter, der in den wichtigsten Bezirken Vertrauensleute hat und nach allen Regeln der strengsten Konspiration mit der Organisation der Revolutionäre verbunden ist", so lautete Lenins Konzept.

Doch die Bedingungen des zaristischen Polizeiregimes waren für Lenin allenfalls die Hälfte der Begründung. Noch wichtiger war wohl, dass er der Arbeiterschaft, ihrer Eigeninitiative, ihrer Spontaneität misstraute. Auf sich allein gestellt, würden die Arbeitermassen nur ein gewerkschaftliches Bewusstsein ausbilden, das sich in der Überzeugung und im Bemühen erschöpfte, „sich in Verbänden zusammenzuschließen, einen Kampf gegen die Unternehmer zu führen, der Regierung diese oder jene für die Arbeiter notwendigen Gesetze abzutrotzen". Ein sozialdemokratisches, ein sozialistisches, ein revolutionäres Bewusstsein könne den Arbeitern dagegen nur „von außen", von einer „Partei neuen Typs" beigebracht werden.

Zwar konnte sich Lenin bei der Abstimmung über Paragraph 1 der Parteistatuten nicht durchsetzen, doch als bei den anschließenden Debatten die Front der Gegner zu bröckeln begann, die Vertreter des jüdischen „Bunds", weil man ihrer Organisation den Autonomiestatus verweigerte, die Versammlung verließen, kippten die Mehrheitsverhältnisse. Dieser Umstand schlug sich nicht nur bei der abschließenden Wahl des Zentralkomitees und des Redaktionskollegiums der Parteizeitung nieder, der Lenin-Flügel hielt ihn auch dadurch im Gedächtnis, dass er sich fortan stolz „Mehrheitler" („Bolschewiki") nannte und die Opponenten zur unterlegenen „Minderheit" („Menschewiki") stempelte.

Die Bauern und die Polizei: Unter der Zarenherrschaft begegnete die Landbevölkerung den Ordnungskräften des Herrschers mit großem Misstrauen. Das Foto entstand 1906.

„Frauen, schließt euch der Kooperative an“: Das Plakat aus dem Jahr 1918 warb für die landwirtschaftlichen Konzepte der neuen Machthaber.

Auf Ausbruch und Verlauf der ersten russischen Revolution vermochten 1905 weder die Anhänger Lenins noch ihre innerparteilichen Gegner entscheidenden Einfluss zu nehmen. Doch diese gab den Meinungsverschiedenheiten neue Nahrung und vertiefte den Graben. Die russische Sozialdemokratie war bis dahin von der Vorstellung ausgegangen, dass die „kommende Revolution“ im eigenen Land eine „bürgerliche“ sein werde. Ihre „historische Aufgabe“ sollte es sein, die zaristische Autokratie hinwegzufegen und die Grundlagen für ein freiheitliches, rechtsstaatliches, parlamentarisches System zu legen. Der gemeinsame Kampf gegen den Zarismus, so die Annahme, verbinde Bourgeoisie und Proletariat; in dieser Phase der Revolution stünden „sozialistische“ Ziele, eine Einschränkung und Überwindung des „bürgerlichen“ Eigentumsrechts und der „kapitalistischen“ Produktionsverhältnisse noch nicht auf der Tagesordnung. Mit der Unterscheidung zwischen Minimal- und Maximalzielen hatte dieses Phasenmodell auch im sozialdemokratischen Parteiprogramm (1903) seinen Niederschlag gefunden.

Behielt dieses Modell für die Menschewiki auch nach den Erfahrungen von 1905 seine Gültigkeit, so setzte sich der Führer der „Mehrheitsfraktion“, Lenin, mehr und mehr davon ab. Er misstraute der russischen „Bourgeoisie“ und forderte von der Sozialdemokratie eine sehr viel eigenständigere Politik. Statt ganz auf das – ohnehin schwache – russische Bürgertum zu setzen und ihm politisch das Feld zu überlassen, müsse sie selbst aktiv werden, mittels ihrer Kaderorganisation die Initiative ergreifen, sich an die Spitze der revolutionären Bewegung stellen, bei der Organisation des bewaffneten Aufstands eine Führungsfunktion übernehmen und für die Durchsetzung der eigenen Zielsetzung sorgen – gestützt auf das Proletariat und mit der verarmten Bauernschaft als möglichem Bundesgenossen, so forderte es Lenin.

Doch bevor es dazu kam, brach der Erste Weltkrieg aus. Die Arbeiterparteien Westeuropas stimmten den von ihren Regierungen geforderten Kriegskrediten ausdrücklich zu, und auch in Russland bedeutete der Kriegsausbruch einen tiefen Einschnitt. Es gab nicht wenige Parteimitglieder, die sich von der patriotischen Stimmung mitreißen ließen. Die Mehrheit der menschewistischen Vordenker entdeckte jedoch mit dem Fortgang des Krieges die alten, vor Kriegsausbruch vertretenen Prinzipien wieder und machte sich auf zwei Geheimkonferenzen von Mitgliedern der Sozialistischen Internationale in der Schweiz (im September 1915 in Zimmerwald und im April 1916 in Kiental) für eine Politik stark, die den Krieg verurteilte (und seine aktive Unterstützung durch Mitglieder sozialistischer Parteien erst recht), auf eine rasche Beendigung der Kampfhandlungen drang, die Solidarität des europäischen Proletariats beschwor und die Arbeiter aller Nationen zum Kampf für die Revolution aufrief. Freilich gingen sie dabei nicht so weit wie Lenin, der den Bruch mit allen „Vaterlandsverteidigern“, den Aufruf zur Desertion und die Umwandlung des „imperialistischen Kriegs“ in einen „Bürgerkrieg“ forderte.

Neue Zeiten, neue Strategie: die „Kaderpartei“ als populistische Sammlungsbewegung

Es liegt nahe, in Lenins Parteikonzeption, jenem Leitbild einer „Kaderpartei der Berufsrevolutionäre“, ebenso wie in seinen Überlegungen, die russische

Revolution – Marx hin oder her – unmittelbar von ihrer „bürgerlichen" in ihre „sozialistische" Phase überzuführen, sowie in der Bereitschaft, dabei den Weltkrieg als Hebamme zu benutzen, einen Schlüssel zum Verständnis des Jahres 1917 zu sehen. Zweifellos lassen sich Elemente davon in Lenins Handeln 1917 und auch später wiederentdecken. Doch auch zusammengenommen, als Dreisatz, erklären sie noch nicht den Erfolg der Bolschewiki im Fortgang des Jahres 1917.

Das begann schon damit, dass die Partei 1917 weit davon entfernt war, ihrem eigenen Leitbild einer straff organisierten Kaderpartei zu entsprechen – Anfang des Jahres und an seinem Ende erst recht. Trotz aller Konspiration war es der zaristischen Polizei gelungen, Agenten in die innere Führung einzuschleusen, ihre Planungen auszuspähen und ihre Organisationsstränge nach Kriegsausbruch weitgehend zu zerschlagen. So war die Partei, als im Februar der Sturm des Protests gegen das Zarenregime in Petrograd losbrach, nicht viel mehr als eine Ansammlung von lokalen Gruppen und versprengten Zirkeln, durchaus uneinig, wie jetzt – mitten im Krieg – weiter zu verfahren war, zumal die Führung weitab vom Zentrum saß, in der Schweiz, in den USA oder in der Verbannung in Sibirien. So fehlte den Bolschewiki in den Februartagen gerade, was sie von anderen sozialistischen Parteien unterscheiden sollte: ein klares Konzept, eine straffe Organisation und eine einheitliche Führung.

Lenins Aprilthesen lieferten ein Konzept. Doch es sah nun ganz anders aus. Die Strategie, den unmittelbaren Übergang von der „bürgerlichen" zur „sozialistischen" Phase der Revolution anzusteuern, was trotz aller Rückständigkeit Russlands möglich sei, nahm zweifellos Überlegungen aus der Vorkriegszeit wieder auf; nur waren sie damals bei Lenin sehr viel unbestimmter geblieben. Und neu war auch die Begründung. Er baute bei seinen Planungen auf die Arbeiter-und-Soldaten-Räte, die er – obwohl diese eben erst entstanden und noch im Aufbau begriffen waren – als Keimzellen eines neuen proletarischen Staats betrachtete und denen er eine große Zukunft voraussagte. Interessanterweise waren die Räte in früheren bolschewistischen Verlautbarungen nie aufgetaucht. Sie selbst erhoben diesen Anspruch vorerst auch gar nicht.

Neu – und selbst für die eigene Anhängerschaft überraschend – war jedoch nicht nur die Parole „Alle Macht den Räten". Neu waren auch die Staatsvorstellungen, die sich damit offenkundig verbanden: die Idee eines Staats ohne Apparat und Maschinerie, Polizei und Beamtenschaft. Es sollte kein Staat sein, der die alten Strukturen einfach übernahm, sie in den Dienst der Allgemeinheit stellte und dank ihrer funktionierte „wie die Reichspost". Neu waren ferner die offenen politischen Avancen, die Lenin der Bauernschaft machte, das Versprechen einer sofortigen Agrarreform, der Enteignung des Adels-, des Kron-, Klöster- und Kirchenlandes, wobei die Landgemeinden über die Nutzungsform selbst entscheiden sollten. Die Bolschewiki, die als „Marxisten" mit der Bauernschaft nie viel im Sinn gehabt und dem Familienbetrieb wie der Hofwirtschaft keine Zukunft gegeben hatten, schwenkten damit auf das Agrarprogramm der „Sozialrevolutionäre" (SR) ein, ihrer Hauptkontrahenten „im sozialistischen Lager" (das allerdings nie ein geschlossenes Lager war).

Doch noch in einem weiteren Punkt rückte Lenin Schritt für Schritt von früheren Forderungen ab: Hatte er in Zimmerwald und

Die Bauern erhofften sich eigenes Land und die freie Verfügung darüber. Schon während der Februarrevolution wurde in den Dörfern die Lage diskutiert (Foto). Und vor der Oktoberrevolution machten die Bolschewiki den Bauern zahlreiche Versprechen.

Das „Dekret über den Frieden", von Lenin persönlich ausgearbeitet, wurde am 26. Oktober 1917 vom Allrussischen Kongress verabschiedet und war der erste Schritt auf dem Weg zum Friedensvertrag von Brest-Litowsk (3. März 1918). Das Gemälde von 1977 lässt die kriegsmüden Soldaten Friedensverhandlungen fordern.

Kiental noch die Umwandlung des „imperialistischen Kriegs" in einen „Bürgerkrieg" verlangt und bei seiner Ankunft in Russland erneut davon gesprochen, so sprach er im Verlauf des Jahres immer weniger davon, ersetzte das ehemalige Postulat durch die einfache Formel „Schluss mit dem Krieg" – was für einen Großteil der Soldaten wohl einsichtiger und überzeugender war als die Aussicht, für die Sache der „Weltrevolution" weiterzukämpfen.

Die neuen Parolen – „Den Soldaten den Frieden", „Den Bauern das Land", „Den Arbeitern die Kontrolle in den Fabriken" und „Alle Macht den Räten" – gaben nicht nur einen anderen programmatischen und strategischen Kurs vor, sie veränderten die Gesamtpartei. Aus den revolutionären Zirkeln, die sich am Leitbild einer konspirativen Kaderorganisation von Berufsrevolutionären orientierten, wurde eine populistische Sammlungsbewegung der Unzufriedenen. Je länger der Krieg fortdauerte und je offensichtlicher es wurde, dass die Provisorische Regierung die anstehenden Wirtschafts- und Versorgungsprobleme nicht in den Griff bekam, desto größer wurde der Zulauf zu den Bolschewiki – von kriegsmüden Soldaten, von Arbeitern und Bauern. Sie alle pochten immer ungeduldiger darauf, dass nun auch ihre Erwartungen, Hoffnungen und Wünsche, die sie in die Revolution gesetzt, mit ihr verbunden hatten, endlich erfüllt würden.

Der neue Aufwind schlug sich auch in Mitgliederbestand und -struktur der Partei nieder. Besaß sie Anfang des Jahres wohl nur etwas über 20 000 Mitglieder, so wird ihr Mitgliederbestand zur Zeit des VI. Parteitags (Ende Juli 1917) mit 250 000, für den Oktober mit 400 000 angegeben. Andere Quellen nennen dagegen wesentlich geringere Zahlen. So oder so, es handelt es sich in jedem Fall nur um Näherungswerte, exakte Daten sind im Nachhinein nicht zu ermitteln. Das hängt vor allem damit zusammen, dass das Aufnahmeverfahren wenig formalisiert war und so genau auch nicht Buch geführt wurde.

Ein während des VI. Parteitags verteilter Fragebogen brachte zutage, dass der „typische" bolschewistische Delegierte noch relativ jung (zwischen 20 und 30), männlich, von seiner sozialen Herkunft Arbeiter und von der Nationalität her Russe war; nur eine verschwindende Minderheit von sechs Prozent hatte schon früher einmal an einem Parteitag oder einer Parteikonferenz teilgenommen, 31 Prozent gaben an, vorher Mitglied der Menschewiki gewesen zu sein, und acht Prozent kamen sogar von anderen „nicht-marxistischen" Parteien. Mit anderen Worten: Nur auf eine Minderheit passte das Bild vom Parteifunktionär, der von Anfang an dabei war und auf eine „jahrzehntelange" Berufserfahrung im konspirativen Untergrund zurückblicken konnte.

Der Mitgliederbestand der Bolschewiki war auch deshalb schwer zu ermitteln, weil mancherorts die beiden sozialdemokratischen Fraktionen bis ins Jahr 1917 hinein noch „gemeinsame" Komitees bildeten. Zwar gingen die Führungsgremien schon seit 1912 ihre eigenen Wege. Doch viele Ortskomitees hatten die Spaltung offenkundig nicht mit vollzogen, sei es, weil sie die Gründe gar nicht so recht kannten, die Richtungsstreitigkeiten in den Exilantenzirkeln nicht zur Kenntnis nahmen oder die sozialdemokratischen Gemeinsamkeiten für gravierender hielten als die Unterschiede zwischen den Fraktionen. Wenn sie jetzt im Sommer und Herbst die Spaltung nachholten, so sicher nicht wegen der Differenzen von einst, sondern wegen des neuen Kurses, wie ihn die Partei seit dem Frühjahr 1917 steuerte: als „linke" Protest- und Sammlungsbewegung, gegen den Krieg und die anhaltend schlechte Versorgung, gegen die allgemeine Lage und die stagnierenden Reformen, gegen die Regierungspolitik und andere sozialistische Parteien, die mit in der Provisorischen Regierung saßen.

Ausschaltung der Opposition und Bündelung der Macht

Das bolschewistische Zentralkomitee hatte im Oktober 1917 die Vorbereitung des bewaffneten Aufstands beschlossen, unter bolschewistischen Parolen wurde der Umsturz vollzogen. Bolschewistisch war die neue Regierung, der „Rat der Volkskommissare", und die Bolschewiki gaben auch an der Rätespitze, im Sowjetkongress und im Zentralen Exekutivkomitee den Ton an.

Das alles brachte die Bolschewiki ihrem ehemaligen Leitbild noch nicht viel näher, machte aus ihnen noch keine Partei mit straffer Organisation, mit schlüssigem Programm und mit überzeugendem Konzept zu seiner Realisierung. Die Differenzen reichten hinauf bis ins Zentralkomitee. Nur mit Mühe hatte Lenin im Oktober den Beschluss zum bewaffneten Aufstand durchgesetzt; pro-

Schon bald nach der Machtübernahme begann die neue Regierung, ihre Gegner mit den Mitteln des Terrors zu verfolgen. Im Sommer 1922 mussten sich 34 Mitglieder der inzwischen verbotenen Partei der Sozialrevolutionäre in einem Schauprozess verantworten.

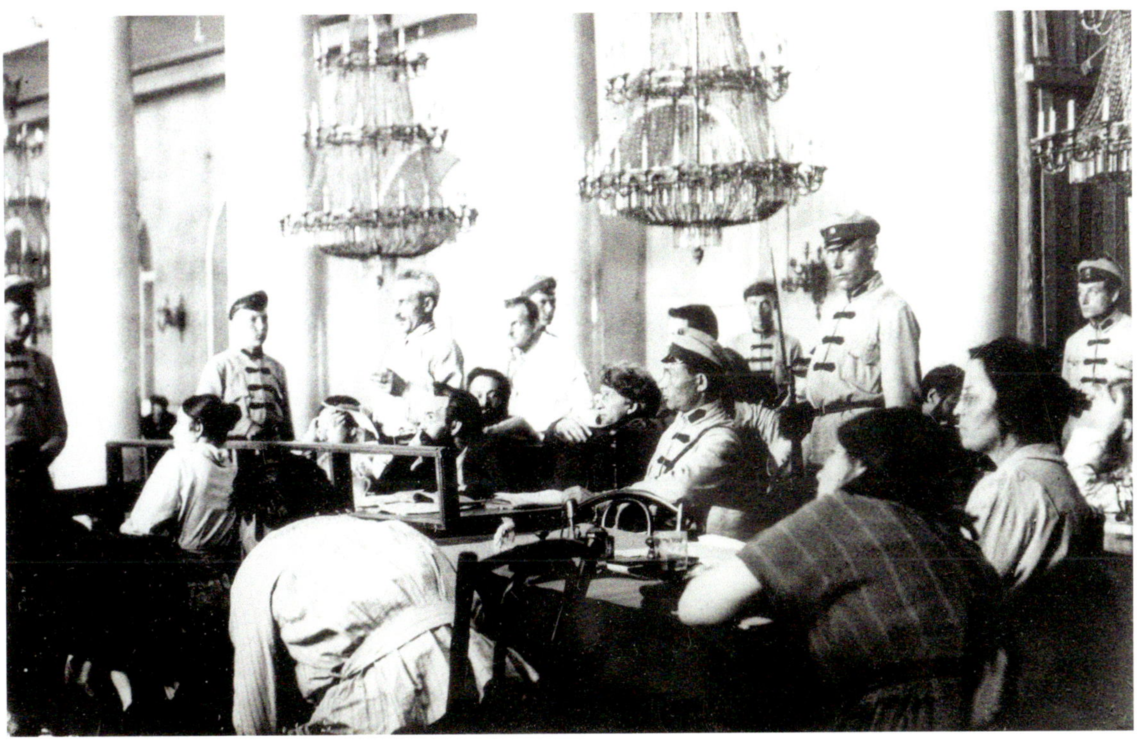

minente Mitglieder (wie Kamenew und Sinowjew) blieben dagegen und trugen den Streit an die Öffentlichkeit. Die Meinungsverschiedenheiten gingen auch nach dem Oktober-Aufstand weiter, als die Versprechungen des „Rätestaats", der „Arbeiterkontrolle", der „Agrarreform", der Zerschlagung des alten Machtapparats, der Abschaffung von stehendem Heer und Beamtenschaft eingelöst und die Neuordnung von Staat, Wirtschaft und Gesellschaft in Angriff genommen werden sollten. Dabei zeigte sich, dass die Vorstellungen, die sich mit den großen Losungen verbanden, selbst in der bolschewistischen Parteiführung weit auseinandergingen.

Doch die Meinungsverschiedenheiten betrafen auch die Rolle der Partei und ihr Verhältnis zu den anderen sozialistischen Gruppierungen. Schließlich saßen in den Rätegremien nicht nur Bolschewiki und parteilose Sympathisanten. Im Gegenteil: Das Spektrum war breit gefächert, reichte von „Volkssozialisten" bis zu „anarchistisch-kommunistischen" und „anarchistisch-syndikalistischen" Splittergruppen, wobei weitaus die meisten nicht-bolschewistischen Sowjet-Mitglieder sich sozialrevolutionären oder menschewistischen Gruppierungen zurechneten. Genauso wie das Allrussische Exekutivkomitee der Eisenbahnergewerkschaft und das Zentrale Exekutivkomitee der Räte, forderte – kaum eine Woche nach dem Oktober-Umsturz – auch eine starke Gruppe im bolschewistischen Zentralkomitee die Beteiligung der anderen in den Räten vertretenen Parteien an der Regierung (wobei sie vor allem an die Menschewiki, die Sozialrevolutionäre und die Volkssozialisten dachten); eine rein bolschewistische Regierung, so prophezeiten sie, könne sich nur mit „Mitteln des politischen Terrors" halten. Das bolschewistische Zentralkomitee warf der innerparteilichen Opposition „Skeptizismus", „verbrecherische Schwankungen", „Behinderung der revolutionären Arbeit" und „Verrat" vor und forderte sie zur strikten Unterordnung unter die „Parteidisziplin" auf. Doch die Opposition setzte ihre Linie fort, verurteilte die bolschewistischen Zwangsmaßnahmen gegen die Zeitungen anderer Parteien und machte deutlich, dass sie eine solche Politik nicht mittragen wollte. Noch in den ersten Novembertagen (nach alter Zeitrechnung – im Februar 1918 setzte Lenin den

Seit dem 15. Dezember 1917 herrschte Waffenstillstand zwischen Russland und den Mittelmächten. Auf dem Bahnhof von Brest-Litowsk empfingen deutsche Offiziere die russische Delegation zu Verhandlungen.

im gesamten westlichen Europa gültigen gregorianischen Kalender durch) traten fünf Mitglieder unter Protest aus dem Zentralkomitee aus; vier Volkskommissare legten gleichzeitig ihre Regierungsämter nieder. Das Zentralkomitee sprach von „ungenügender Standfestigkeit im Kampf gegen die Volksfeinde" und „Desertion".

Die Linie Lenins setzte sich durch, eine breite Koalition der sozialistischen Parteien kam nicht zustande. Lediglich die Linken Sozialrevolutionäre wurden zwei Wochen später ins Kabinett, den Rat der Volkskommissare, aufgenommen. Man gab ihnen zunächst das Landwirtschaftsressort, dann weitere Regierungsämter, ohne dass der Führungsanspruch der Bolschewiki davon ernsthaft tangiert worden wäre. Die Regierungsbeteiligung der Linken Sozialrevolutionäre änderte auch nichts an der repressiven Politik gegenüber den anderen Parteien, vor allem den bürgerlichen. Trotz eines sozialrevolutionären Protests wurden schon im Dezember 1917 – aufgrund eines Dekrets des Rats der Volkskommissare – führende Mitglieder der liberalen Kadettenpartei (der „Konstitutionellen Demokraten", KD) verhaftet, als „Volksfeinde" den Revolutionären Tribunalen überstellt, und eine Regierungsverlautbarung forderte auch dazu auf, die Wahl von Kadetten in die verfassunggebende Versammlung zu verhindern.

Zwar hatten die Bolschewiki, wie sich zeigte, noch nicht die Macht, diese Wunschvorstellung durchzusetzen. Mehr noch, in beiden Metropolen Petrograd und Moskau wurden die Kadetten bei den Wahlen zur verfassunggebenden Versammlung, zur Konstituante, zweitstärkste Partei nach den Bolschewiki, und in einer Reihe von Provinzstädten erzielten sie ähnliche Resultate. Landesweit erhielten die Kadetten über zwei Millionen Stimmen, was etwa fünf Prozent der Mandate entsprach. Doch dass die gewählten kadettischen Abgeordneten ihr Mandat auch wirklich wahrnahmen, wusste die bolschewistische Staatsführung bereits zu unterbinden. Und als die konstituierende Versammlung im Januar 1918 endlich zusammentrat, befand sich kein Abgeordneter der KD mehr darunter.

Die bolschewistische Weigerung, Wählervotum und Mehrheitsentscheidungen anzuerkennen, richtete sich, so zeigte sich rasch, nicht mehr nur gegen „bürgerliche" Parteien und Mandatsträger. Denn die Mehrheit der Wähler hatte bei den Wahlen zur Konstituante ja für sozialistische – was in diesem Fall heißt: sozialrevolutionäre – Parteien und Gruppierungen gestimmt. Als auch ihre Abgeordneten sich weigerten, die von den Bolschewiki geschaffene Lage anzuerkennen und die von ihnen erlassenen Dekrete zu bestätigen, löste die bolschewistische Staatsführung, wie oben bereits erwähnt, die verfassunggebende Versammlung nach nur einer Sitzung auf, erklärte die von ihr gebildete „provisorische" Regierung des Rats der Volkskommissare zur regulären Führung und bereitete ihrerseits einen Verfassungsentwurf vor, ohne noch einmal die Bevölkerung zu befragen oder sich von ihr die Verfassung nachträglich bestätigen zu lassen.

Im März 1918 überwarfen sich auch die Linken Sozialrevolutionäre mit den Bolschewiki. Sie schieden aus der Koalition, dem Rat der Volkskommissare, aus und machten endgültig einer bolschewistischen Alleinregierung Platz. Anlass war der Abschluss des Friedens von Brest-Litowsk mit den Mittelmächten. Dekrete, die anderen politischen Gruppierungen die Tätigkeit in den Räten verboten, folgten. Damit waren die Grundlagen für ein Einparteiensystem gelegt, selbst wenn den Bolschewiki noch die Macht fehlte, das Verbot allerorts auch wirklich durchzusetzen; selbst wenn sie im November 1918 mit einer entsprechenden Verordnung des Zentralen Räteexekutivkomitees – angesichts des sich zuspitzenden militärischen Konflikts und im Bemühen, die eigene Basis zu verbreitern – einen Teil des Verbots wieder zurücknahmen und die Präsenz von bestimmten menschewistischen Gruppen in den Räten zuließen; und obwohl sie im Februar 1919 auch den Sozialrevolutionären die Mitarbeit in den Räten wieder erlaubten.

Eine Art Schlusspunkt setzte der große Prozess, bei dem sich im Sommer 1922 34 Mitglieder der Sozialrevolutionären Partei (darunter die Reste des Zentralkomitees) vor dem Obersten Gerichtshof der „Russischen Sozialistischen Föderativen Sowjetrepublik" (RSFSR) zu verantworten hatten. Das Verfahren dauerte acht Wochen und endete für fast die Hälfte der Angeklagten mit dem Todesurteil. Sowjetrussland wurde nun endgültig zum Einparteiensystem. Zwar war seine Errichtung nicht vorab „geplant", aber diese Entwicklung folgte doch der Logik des Geschehens, wie zu Recht gesagt wurde: Sie ergab sich aus der Rigorosität, mit der die Bolschewiki von Anfang an den eigenen Standpunkt vertraten und die für Kompromisse keinen Platz ließ. Sie folgte aus dem gewaltsamen Charakter der Oktoberrevolution, die Gräben aufriss, die nur noch schwer zu überbrücken waren. Und sie lag im Bürgerkrieg begründet, der – durch die Oktoberrevolution hervorgerufen – die Gräben noch weiter vertiefte.

Die Rolle der Partei im Rätestaat: Avantgarde des Kommunismus

Der Sieg im Oktober 1917 hatte der Partei eine neue Welle von Mitgliedern beschert. Anders als in den Monaten zuvor machte dieser Umstand die Parteiführung nicht nur glücklich. Zu offensichtlich schien, dass manche ihr nur beitraten, um mit Hilfe der neuen Mitgliedschaft Karriere zu machen. Doch viel alarmierender war die Tatsache, dass im Frühjahr 1918 – als Ausdruck sinkender Massenloyalität – der Zustrom versiegte und der Mitgliederbestand schrumpfte. Denn die Bolschewiki brauchten dringend neue „zuverlässige Kader", für die Regierung und die zentrale Räteadministration, für die Stadt-, Gouvernements- und Kreissowjets draußen im Land, für die Komitees und Kommissionen, die von ihnen eingesetzt wurden, für die Gremien der Arbeiterkontrolle und der Wirtschaftsplanung, für die Tscheka-Abteilungen und die Revolutionären Tribunale. Die Partei brauchte sie, um – wie sie sagte – den „Rätestaat aufzubauen", was selbstredend auch meinte: um den Bolschewiki den dominierenden Einfluss in den neuen Staatsorganen dauerhaft zu sichern.

Anfang März 1918 zog das Zentralkomitee der bolschewistischen Partei ins Moskauer „Hotel National". Zu dieser Zeit bestand die Parteiorganisation nur aus einer Handvoll Mitarbeiter.

Auf diese Aufgabe konzentrierte die Partei seit dem Oktober nahezu alle Energien, ja, sie schien in ihr aufzugehen. Man hielt die Tätigkeit im Sowjetapparat für Parteiarbeit, identifizierte die Partei mit den Räten. Anders gesagt, bolschewistische Politik realisierte sich über die bolschewistischen Mitglieder und Fraktionen in den Sowjetorganen, die Arbeit in den Parteigremien selbst trat dahinter fast vollständig zurück. So traf sich in der Hauptstadt, in Petrograd, das für die Gesamtstadt zuständige Parteikomitee im November und Dezember 1917 nur einmal pro Woche – mehr Zeit ließ den Mitgliedern ihre neue Aufgabe im Staatsapparat (als Kommissare im Militärischen Revolutionskomitee, in Sowjet- und Gewerkschaftsorganen) nicht. Dabei fungierte das Parteikomitee vor allem als Diskussionsforum, offenkundig kaum als eigenständiger Administrator und Organisator – ein Trend, der sich bei den Parteikomitees in den Stadtbezirken und an der Parteibasis, in den Betriebszellen, fortsetzte. Dort „verkümmerte" die Parteiarbeit erst recht.

An der Spitze der Organisation ließ sich diese Entwicklung sogar noch deutlicher in Zahlen fassen. Während der Rat der Volkskommissare als staatliche Institution bis Ende Februar 1918 über einen beträchtlichen Apparat mit sechs Unterabteilungen

und 65 Mitarbeitern verfügte (die einzelnen Volkskommissariate mit ihren Hunderten von Mitarbeitern selbstverständlich nicht mitgerechnet), besaß das Sekretariat des bolschewistischen Zentralkomitees kaum eine Handvoll Mitarbeiter und war beim Umzug nach Moskau Anfang März 1918 bequem in drei Räumen des „Hotels National" unterzubringen. Bei der Übersiedlung ins „Metropol" im Juni kamen vier weitere Mitarbeiter hinzu, und nun leistete man sich, so wird berichtet, erstmals auch eine eigene Schreibmaschine.

Mit diesem Apparat war es nicht einmal möglich, die zahlreichen Anfragen von Parteikomitees aus der Provinz zu beantworten, geschweige denn eigene Großinitiativen zu entwickeln. So gab der Leiter des Sekretariats, Jakow M. Swerdlow (seinerseits zugleich Mitglied des Petrograder Militärischen Revolutionskomitees und seit November 1917 Vorsitzender des Zentralen Exekutivkomitees der Räte) die Direktive aus, nur noch Grundsatzfragen zu beantworten. Mit allen Spezialfragen solle man sich an die staatlichen Organe wenden und im Übrigen die „Prawda" lesen. Offenkundig trat das Zentralkomitee auch in der zweiten Hälfte des Jahres 1918 kaum zu regulären Sitzungen zusammen, wenn doch, so schlugen sie sich nicht in richtungsweisenden Zirkularnoten an die eigenen Parteigliederungen nieder, und die Arbeit im Sekretariat bestand weiterhin vor allem aus Swerdlow, seinem Notizbuch und zwei bis drei erfahrenen Sekretärinnen.

Auf diesen Zustand kam Lenin zu sprechen, als er im März 1919 auf dem VIII. Parteitag des wenige Tage zuvor verstorbenen Swerdlow gedachte, an seiner Stelle den Rechenschaftsbericht über die Tätigkeit des Zentralkomitees gab und feststellte, wie schwer ihm dies falle: Die wichtigste Quelle, das Gedächtnis Swerdlows, stehe nicht mehr zur Verfügung. Es war derselbe Parteitag, der einen Schlussstrich unter diese Entwicklungsphase zog und den Auf- und Ausbau des Parteiapparats beschloss, neben und über den Räten. Die Losung „Alle Macht den Räten" war offenkundig passé und die alte Forderung nach der „straff organisierten Kaderpartei" wieder aktuell.

Für das Verhältnis zwischen Räten und Partei fand der VIII. Parteitag die Formel: Die Räte seien die staatlichen Organisationen der Arbeiterklasse und der ärmsten Schichten der Bauernschaft, die Partei sei eine Organisation, die die Avantgarde des Proletariats und der ärmsten Schichten der Bauernschaft in ihren Reihen vereine und danach strebe, das kommunistische Programm zu verwirklichen. Die Partei wolle die Tätigkeit der Räte leiten, sie nicht ersetzen. „Striktester Zentralismus" und „strengste Disziplin" seien in der Partei „absolut unerlässlich". Und alle Entscheidungen der obersten Instanzen seien für die untersten „absolut obligatorisch".

Jakow Swerdlow (1885–1919) leitete das Sekretariat des Zentralkomitees der bolschewistischen Partei. Außerdem saß er seit November 1917 dem Zentralen Exekutivkomitee der Räte vor und war damit einer der mächtigsten Männer hinter Lenin.

Dazu schien es nötig, die Sitzungsfrequenz des Zentralkomitees (ZK), seiner Treffen mit den Parteivertretern der Haupt- und Gouvernementsstädte und des Austauschs von Zirkularnoten und schriftlichen Rechenschaftsberichten zwischen ihnen zu erhöhen und festzuschreiben. Vergleichbares sollte für das Verhältnis der Parteikomitees in den Gouvernements zu den Räten in den Landkreisen gelten. Zur Wahrnehmung seiner Führungsaufgaben sollte das ZK Instruktoren bereithalten, vor allem aber sollte sein Apparat beträchtlich ausgebaut werden.

Neben den regulären Sitzungen des Zentralkomitees (mit seinen 19 Mitgliedern und acht Kandidaten, die zumindest zweimal im Monat zusammenkommen sollten) wurden drei neue Gremien geschaffen: ein „Politisches Büro" (bestehend aus fünf Mitgliedern des ZK, das alle Fragen beriet, die keinen Aufschub erlaubten); ein „Organisationsbüro" (das ebenfalls aus fünf ZK-Mitgliedern bestand, nicht weniger als dreimal die Woche tagte und für die Parteiorganisation zuständig war); und ein „Sekretariat", das einem „verantwortlichen Sekretär" unterstand (der zugleich dem Organisationsbüro angehörte, dem Plenum des ZK Bericht erstattete und von fünf „technischen Sekretären" unterstützt wurde); das Sekretariat sollte darüber hinaus eine Reihe von Fachabteilungen bilden.

Das alles stand zunächst nur auf dem Papier. Von vielen Parteikomitees draußen in den Gouvernements, die das ZK möglichst engmaschig führen sollte, wusste es nicht einmal, ob sie existierten oder erst aufgebaut werden mussten. Das galt erst recht für die Parteigremien unterhalb der Gouvernements, in den Kreisstädten. Eine völlige Terra incognita waren die dörflichen Gegenden. Allen Eingeweihten war auch klar, dass von der Partei als funktionierender Einheit, als politischem Kampfverband, mit straffer Selbstdisziplin und williger Unterordnung, bis dahin nicht die Rede sein konnte. Ebenso, wie man an der Spitze tapsig nach dem „rechten Weg" suchte, um ihn stritt und stets gestritten hatte (selbst wenn man ihn im Rückblick später als den „einzig richtigen", „unvermeidlichen" und „alternativlosen" bezeichnete), taten es auch die Vertreter draußen im Land – um sich selbst und ihre lokalen Gegebenheiten kreisend und konkurrierend mit den Rätegremien.

Bis zum Sommer 1919 wurde die vom Parteitag angeordnete Neuregistrierung der Mitglieder vorgenommen, die zur großen „Säuberung" wurde. Die Mitgliedschaft sollte verlieren, wer sich „unkommunistisch" aufgeführt oder sein Parteiamt ausgenutzt hatte; aus der Roten Armee desertiert oder seiner Einberufung nicht nachgekommen war; sich Parteianweisungen widersetzt, Parteiversammlungen notorisch geschwänzt oder seine Mitgliedsbeiträge nicht bezahlt hatte. So fiel die Zahl der Mitglieder zwischen Frühjahr und Herbst 1919 von 350000 auf 150000. Anschließende Werbekampagnen sollten diese Lücken wieder füllen, im März 1920 hatte die Partei (nach Angaben des Sekretariats) über 600000 Mitglieder, im Frühjahr 1921 fast eine Dreiviertelmillion.

Mit anderen Worten: Obwohl die Partei als Organisation in der Verfassung gar nicht vorkam, umfasste sie mittlerweile Hunderttausende von Mitgliedern, und während ihre Zentralverwaltung Anfang 1918 noch in drei Hotelzimmern Platz gefunden hatte, wuchs sie bis Anfang der 1920er Jahre zu einer gewaltigen Behörde mit 600 Mitarbeitern heran, und ihr Sekretariat war dabei, Fachabteilungen aufzubauen. Seit 1920 residierte sie, wenige Häuserblocks vom Kreml entfernt, in einem großen Gebäude im klassizistischen Stil. Als Adelssitz Ende des 18. Jahrhunderts erbaut, war es Mitte des 19. Jahrhunderts vom Finanzministerium erworben und unter Aufstockung der Seitenflügel zum dreigeschossigen Amtsgebäude umgebaut worden. Ein amerikanischer Anarchist, der dieses Gebäude1920 besuchte, beschrieb es als „Taubenschlag", in dem Parteifunktionäre aus allen Teilen des Landes, dicke Aktenbündel unter dem Arm, ein und aus gingen, um Bericht zu erstatten oder die Zentrale um die Lösung eines Problems zu bitten. 1921 wurden über 254000 Besucherpässe ausgegeben, was fast 700 Besucher pro Tag bedeutete, Wochenenden und Feiertage mitgerechnet.

Die Größe der Behörde war noch kein Garant, dass sie auch funktionierte, zumal angesichts der zahlreichen Aufgaben, die sie zu bewältigen hatte. Die Klagen über den Zustand der Partei hielten an. Wie schwer es war, allen an das Parteisekretariat gerichteten Anforderungen nachzukommen, mussten auch die ersten drei „verantwortlichen Sekretäre" erfahren, sie amtierten jeweils nur ein Jahr. Auf dem XI. Parteitag (im März 1922) stand der Zustand der Partei erneut in der Kritik, und es war Lenin, der wenige Tage später im ZK vorschlug, Stalin mit der Leitung des Sekretariats zu beauftragen, und zwar unter dem neuen Titel eines „Generalsekretärs". Stalin versuchte, mit der ihm eigenen Konsequenz fortzusetzen und zu Ende zu bringen, wofür die Vorgänger das Fundament gelegt hatten – zur Sicherung der Parteiherrschaft und seines eigenen Aufstiegs an die Spitze des Sowjetstaats.

Prof. Dr. Helmut Altrichter, geb. 1945, lehrt Osteuropäische Geschichte an der Friedrich-Alexander-Universität Erlangen-Nürnberg.

Die Kulturrevolution

Erlösung vom Kapitalismus

Dietmar Neutatz

Die neuen Machthaber wollten nach der Revolution die Gesellschaft ein für alle Mal ihren Vorstellungen anpassen. Sie wollten einen neuen, vom Kapitalismus befreiten und gegen dessen „Versuchungen" immunen Menschentyp schaffen. Zu diesem Zweck definierten sie alle bisherigen Beziehungs- und Wertesysteme konsequent um.

Die bolschewistische Revolution bedeutete nicht bloß einen Regierungswechsel, sondern sie verstand sich als umfassende ökonomische, soziale und kulturelle Umwälzung, als Kampfansage an tradierte Lebensweisen und Normen. Das gesamte Leben der Menschen sollte von Grund auf verändert werden. Die sozialutopischen Vorstellungen der Bolschewiki zielten auf die Überwindung des alten bäuerlichen Russland, das als hoffnungslos „rückständig" diffamiert wurde. An seiner Stelle sollte in Windeseile eine kommunistische Gesellschaft errichtet werden.

Was die Parteiideologen Nikolai Bucharin (1888–1938) und Jewgeni Preobraschenski (1886–1937) 1919 in ihrem berühmten „ABC des Kommunismus" beschrieben, war die Vision einer klassenlosen Gesellschaft mit sozialer Gleichheit und Gerechtigkeit. In dieser Gesellschaft werde es keine sozialen Konflikte, Konkurrenzkämpfe und keine Ausbeutung mehr geben, sondern alle würden einmütig an einem Strang ziehen, so die Autoren. Um diese Vision zu verwirklichen, bedürfe es der Abschaffung des Privateigentums an Produktionsmitteln, einer zentralen Wirtschaftsplanung und der Übergangsphase einer „Diktatur des Proletariats".

In der kommunistischen Utopie sollte das Individuum vor dem Kollektiv zurücktreten, der Markt samt der Geldwirtschaft zugunsten der freien Verteilung aller Güter nach jedermanns Bedürfnissen abgeschafft und sogar der Staat überflüssig werden. Nach innen hin verstand sich dieses Programm als Alternative zur alten hierarchischen Gesellschaftsordnung und als Antwort auf die sozialen Probleme, die im Gefolge der Industrialisierung aufgetreten waren.

Die Vision der kommunistischen Gesellschaft entfaltete aber auch eine Ausstrahlungskraft, die über Russland hinausreichte: Der Kommunismus versprach den Menschen die Erlösung von allen negativen Begleiterscheinungen der Industriemoderne westlichen Zuschnitts, die mit der Metapher „Kapi-

Die Bolschewiki zeichneten ein strahlendes Bild der angestrebten kommunistischen Gesellschaft. Das spiegelt sich auch im Gemälde von Boris Kostudiew wider, das die Eröffnungsfeier des II. Weltkongresses der Kommunistischen Internationale 1920 in Petrograd zeigt.

talismus“ etikettiert wurden. Er kombinierte dieses Versprechen mit der Aussicht auf ein friedliches Zusammenleben der Völker, wofür gerade vor dem Hintergrund der im Ersten Weltkrieg gemachten Erfahrungen viele Menschen empfänglich waren.

Die Vorstellung, diese Vision ausgerechnet in einem nur in Teilen industrialisierten Agrarstaat wie Russland und in der Situation von 1917/18 zu verwirklichen, war allerdings abenteuerlich, denn die Wirtschaft befand sich infolge der chaotischen Verhältnisse, der ständigen Streiks und der allgemeinen Unsicherheit im freien Fall. Dessen ungeachtet versuchten die Bolschewiki, den Übergang zum Sozialismus zu forcieren. Unter den Bedingungen des Bürgerkriegs geriet dieser Versuch – der sogenannte Kriegskommunismus – zu einer Mischung aus Utopie und Notstandsprogramm: Die Bolschewiki enteigneten die Unternehmer, schafften den privaten Handel zugunsten eines staatlichen Verteilungs- und Versorgungsapparats ab und gingen zur Tausch- und Naturalwirtschaft über. Die „Kapitalisten“ und der Markt sollten als Machtfaktoren in Wirtschaft und Gesellschaft ausgeschaltet und durch staatliche Planung ersetzt werden.

Die Priester, die „Kulaken“ (die angeblich reichen Bauern) und die „Weißen“, also die militärische Opposition: Diese drei Gruppen waren in der Darstellung der bolschewistischen Propaganda die Hauptfeinde (Plakat, 1920).

Gefeiert als Überwindung des Kapitalismus und Beginn der geldlosen Gesellschaft, war der Übergang zur Tausch- und Naturalwirtschaft jedoch in Wirklichkeit eine improvisierte Notlösung, um die Arbeiter trotz der galoppierenden Inflation entlohnen zu können. Der „Kriegskommunismus“ mündete nicht in die kommunistische Gesellschaft, sondern in eine Katastrophe: Die Industrieproduktion und die kommunalen Dienste brachen zusammen, die Lebensmittelversorgung war prekär. Um die Städte und die Rote Armee ernähren zu können, pressten die Bolschewiki den Bauern das Getreide unter Einsatz von Gewalt ab, ohne sie dafür zu bezahlen. Die Bauern versteckten ihr Getreide und wehrten sich mit Waffengewalt. Zwischen 1920 und 1921 erhoben sie sich vielerorts in Bauernaufständen, die unter Einsatz des Militärs niedergeschlagen wurden. Im März 1921 brach Lenin das Experiment ab, weil es trotz des inzwischen gewonnenen Bürgerkriegs das Regime zu destabilisieren drohte. Im Rahmen der „Neuen Ökonomischen Politik“ wurden mit der Begründung eines „taktischen Rückzugs“ wieder in kontrollierter Weise marktwirtschaftliche Elemente zugelassen – bis Stalin seit 1928 mit seiner „Revolution von oben“ das kommunistische Projekt wieder vorantrieb.

Die bisherige Gesellschaftshierarchie wird auf den Kopf gestellt

Das Land, in dem die Bolschewiki an die Macht kamen, war weit von ihrer Utopie entfernt. Die Lebensweise insbesondere der bäuerlichen Bevölkerungsmehrheit war in den Augen der neuen Herren rückständig und verabscheuungswürdig. Sie wollten daher den Menschen das bisherige Denken austreiben, ihnen ein neues Bewusstsein einimpfen und sie dem Einfluss der alten Autoritäten entziehen.

So machten sich die Bolschewiki daran, die Gesellschaft grundsätzlich neu zu ordnen und das überkommene, von der orthodoxen Kirche geprägte Normen- und Wertesystem durch ein anderes zu ersetzen. Die Kirche, die zu Recht als eine der Stützen des alten Regimes galt, war einer der ersten Ansatzpunkte. Schon im Januar 1918 begannen die Bolschewiki damit, Gotteshäuser zu schließen und zu plündern, Vermögenswerte der Kirche zu beschlagnahmen und physischen Terror gegen Priester auszu-

üben. Im öffentlichen Raum wurden kirchliche und zarische Symbole und Feste durch bolschewistische ersetzt, orthodoxe Rituale und Prozessionen in Gegenveranstaltungen karikiert. Um die breite Bevölkerung zu erreichen, bauten die Bolschewiki rasch einen Propagandaapparat auf, der ihre Ideen über Zeitungen, Plakate, Eisenbahn-Agitationszüge und Filme verbreitete.

Im April 1918 verabschiedete der Rat der Volkskommissare den „Lenin'schen Plan der Denkmalpropaganda", demzufolge im öffentlichen Raum Moskaus und anderer Städte systematisch Denkmäler des Zarismus gestürzt und stattdessen andere, für die neue Gesellschaft passendere Denkmäler aufgestellt wurden. Statt Herrschern und Feldherren sollten nun Aufstandsführer und Revolutionäre von Spartakus, Tiberius Gracchus und Brutus über Robespierre, Danton und Garibaldi bis hin zu revolutionären russischen Vordenkern wie Bakunin und Plechanow in das kollektive Bewusstsein gerückt werden.

Die Bolschewiki teilten die Bevölkerung nach neuen Kategorien ein und begannen damit, sie von „sozial fremden Elementen" zu „säubern". Sprache und Bilder der Propaganda beschrieben die Betroffenen als „Parasiten" und „Ungeziefer" und offenbarten damit ein menschenverachtendes Denken. Diejenigen Bevölkerungsgruppen, die vor 1917 über Einfluss und Vermögen verfügt hatten (Adlige, Offiziere, Priester, Unternehmer, Angehörige der „Bourgeoisie", ehemalige Beamte, wohlhabendere Bauern), wurden nun als „schädlich" und „feindlich" kategorisiert, ausgegrenzt und verfolgt, während Arbeiter und ländliches Proletariat an die Spitze der gesellschaftlichen Hierarchie aufrückten.

Auch das gehörte zum neuen Alltag nach der Revolution: Mitglieder der sogenannten Bourgeoisie mussten vielerorts, bewacht von Rotarmisten, Zwangsarbeit leisten (hier beim Schneeräumen, Foto von 1918).

Im Dorf schufen die Bolschewiki eine künstliche Klasseneinteilung in „Armbauern", „Mittelbauern" und „Kulaken". Ihre Versuche, über diese Zuschreibungen den Klassenkampf auf dem Dorf in Gang zu bringen, scheiterten an ihrem geringen Bezug zur Realität innerhalb der zunächst weiterbestehenden Dorfgemeinschaft. Die Bauern verwendeten zwar seit dem 19. Jahrhundert den Begriff „Kulak" (wörtlich: „Faust"), aber sie verstanden darunter etwas anderes als die Bolschewiki. Nicht der Wohlstand oder der Besitz von Pferden und Maschinen war für sie entscheidend, sondern das Verhalten, gemessen am moralischen Code des Dorfs.

Als „Kulak" konnte in der bäuerlichen Wahrnehmung gelten, wer geizig war und sich nicht an die Feiertage hielt, manchmal aber auch – in völliger Umkehrung der offiziellen Bedeutung – jemand, der wegen Faulheit und Alkoholismus verarmt war und der Dorfgemeinschaft zur Last fiel. Die Bolschewiki

Muskulös, hart und entschlossen: So sollten die Frauen des neuen Menschentyps sein, den die Bolschewiki schaffen wollten. Das Bild des Malers Georgi Rjaschski von 1927 zeigt eine „Deputierte".

hingegen gebrauchten die Bezeichnung „Kulak" in willkürlicher Weise als diffamierendes Etikett, um diejenigen Angehörigen der dörflichen Gesellschaft auszugrenzen, die es zu Besitz und Einfluss im Dorf gebracht hatten. „Sozial fremden Elementen" und „ehemaligen Leuten" (gemeint waren beispielsweise frühere Aristokraten) entzogen die Bolschewiki 1918 das Wahlrecht und schufen damit die stigmatisierte Kategorie der *lischenzy* (russisch: *lischit* – entziehen, wegnehmen). Ein *lischenez* zu sein war mit gravierenden Auswirkungen verbunden. Der Entzug des Wahlrechts an sich hatte unter den Bedingungen von gesteuerten Scheinwahlen im Hinblick auf die ohnehin nicht vorhandene demokratische Mitbestimmung eher symbolischen Charakter. Er war aber mit Diskriminierungen beim Zugang zu Arbeit und Ressourcen wie Wohnraum, Gesundheitsfürsorge und höherer Bildung verbunden.

Die Menschen lernten, dass es eine große Bedeutung hatte, welcher Kategorie man zugeschrieben wurde, und bedienten sich dieser Einteilung und der bolschewistischen Sprachregelungen zum eigenen Vorteil. Viele wendeten Techniken des „Maskierens" an: Sie verschleierten ihre Abstammung und nahmen durch falsche oder zurechtgebogene biographische Angaben eine soziale Identität an, die vom Regime gefördert wurde. Damit konnten sie sich zumindest vorübergehend der Diskriminierung entziehen oder sogar profitieren. Sie mussten aber damit rechnen, beim Bekanntwerden der Täuschung „entlarvt" und bestraft zu werden.

Viele *lischenzy* versuchten, mit Petitionen ihr Stigma loszuwerden, und verwendeten dabei genau die Kategorien, die zu ihrer Ausgrenzung geführt hatten: Wer aufgrund seiner Herkunft einer Ausbeuterklasse zugeordnet worden war, präsentierte sich als Kind armer Eltern. Auch sonst zeigen die zahllosen Bittbriefe an hohe Sowjetfunktionäre, dass sich die Menschen geschickt der moralisch aufgeladenen offiziellen Floskeln bedienten, wenn es darum ging, Vorteile zu erlangen oder jemanden anzuschwärzen. Da stilisierte sich so mancher zum alten Revolutions- und Bürgerkriegskämpfer oder diffamierte den Nachbarn, mit dem er im Streit lag oder dessen Wohnung er begehrte, als „Schädling".

Der „neue Mensch" – im Idealfall so zuverlässig wie eine Maschine

Mit Ausgrenzung allein ließ sich die sozialistische Gesellschaft allerdings nicht aufbauen. Sie forderte vielmehr einen neuen Menschentypus, der erst herangezogen werden musste. Die Vision vom „neuen Menschen" war aber keine Erfindung der Bolschewiki, sondern eine seit dem ausgehenden 19. Jahrhundert anzutreffende Denkfigur. Die damit verbundenen Vorstellungen und Ideen gehörten in den Kontext der Suche nach Antworten auf das Maschinenzeitalter und kennzeichneten die modernen totalitären Systeme sowohl linker als auch rechter Ausrichtung. Der Arzt, Schriftsteller und Revolutionär Alexander Bogdanow (1873 – 1928) hatte bereits 1907 in seinem utopischen Roman „Der Rote Stern" seine Vision des

Allgegenwärtige Propaganda: Auch Eisenbahnwaggons dienten dazu, die politischen Botschaften der Bolschewiki zu verbreiten (Foto um 1922).

„neuen Menschen" beschrieben: Kinder würden nicht von den Eltern, sondern im Kollektiv erzogen; die biologischen Unterschiede zwischen den Geschlechtern hätten sich angeglichen: So hätten Frauen breite Schultern und seien muskulöser als bis dahin, weil ihre körperliche Entwicklung nicht durch die häusliche Sklaverei beeinträchtigt werde. Und Arbeiter seien in einen komplett automatisierten Ablauf eingebunden und empfänden sich sogar als Teil ihrer Maschinen.

In Bogdanows Utopie findet sich bereits das Paradigma von der Mechanisierung und damit auch körperlichen Neugestaltung des Menschen, das nach der Revolution auf geradezu absurde Weise perfektioniert wurde. Der Dichter und Wissenschaftler Alexei Gastew (1882–1939) führte seit 1920 in seinem „Zentralinstitut für Arbeit" Bewegungsstudien und Experimente zur rationalen Organisation industrieller Arbeitsplätze durch. Inspiriert war er von dem in den USA entwickelten *scientific management*, einer logischen Weiterentwicklung der Fließbandarbeit, die in der Sowjetunion begeistert aufgenommen wurde. Es ging darum, die Arbeit großindustriell zu organisieren und alle Arbeits- und Bewegungsabläufe so zu optimieren, dass die menschliche Arbeitskraft bestmöglich ausgenutzt werden könne.

Bei Gastew mündeten diese Vorstellungen in ein bizarres Konzept vom Maschinen-Menschen, der als „Nerven-Muskel-Automat" optimal auf die zu bedienende Maschine abgestimmt war. Schon vor der Revolution hatte Gastew eine vom Geist der Technik inspirierte extrem rationalisierte Sprache erfunden, die er das „Maschinische" nannte. Gleichzeitig mit Gastews Bewegungsstudien entwickelte der Regisseur Wsewolod Meyerhold (1874–1940) seine für das Theater konzipierte Biomechanik, die auf der Annahme beruhte, dass Emotionen über körperliche Abläufe gesteuert werden könnten.

In eine andere Richtung gingen die utopischen Konzepte, die Leo Trotzki entwarf: Er nahm an, dass die politisch-ökonomische Weiterentwicklung auch eine biologische Evolution zur Folge haben werde. Als neuer Menschentyp werde sich der sozialistische Übermensch herausbilden: „Der Mensch wird unvergleichlich viel stärker, klüger und feiner; sein Körper wird harmonischer, seine Bewegungen werden rhythmischer und seine Stimme wird musikalischer werden. Die Formen des Alltagslebens werden dynamische Theatralität annehmen. Der durchschnittliche Menschentyp wird sich bis zum Niveau des Aristoteles, Goethe und Marx erheben. Und über dieser Bergkette werden neue Gipfel aufragen." Der als Kriegskommissar so nüchtern-rationale Trotzki schwärmte von der angeblich nahenden Weltrevolution, welche die Menschheit in eine lichte Zukunft führen und befähigen werde, Flüsse und Berge zu versetzen und die Erde nach ihren Bedürfnissen umzugestalten.

Der „neue Mensch" im bolschewistischen Sinn war ein kollektivistisches Gegenmodell zum bürgerlichen Menschenbild. Er sollte seinen Individualismus und sein Eigeninteresse der Gemeinschaft unterordnen und sich somit in ein gänzlich soziales Wesen verwandeln. Mit dieser totalen Ausrichtung auf das Kollektiv verwies er im Grunde schon auf den stalinistischen Untertan. Als geeignete Basis für die Formung des „neuen Menschen" erkannten die bolschewistischen Theoretiker den Proletarier. Sie gingen davon aus, dass sich die erworbenen und anerzogenen Eigenschaften auf die Nachkommen vererben würden, und entwickelten auf dieser Grundlage Züchtungs- und Selektionsphantasien – bis hin zur künstlichen Zeugung und technischen Reproduktion.

Die Frau befreien und rückständige Lebensweisen überwinden

Eine Voraussetzung für die Schaffung des „neuen Menschen" war die Überwindung als rückständig gebrandmarkter Lebensweisen. Das betraf als Erstes das Verhältnis der Geschlechter, denn in der sozialistischen Gesellschaft sollten Frauen und Männer gleichberechtigt sein. Bereits im Dezember 1917 wurde die kirchliche Ehe abgeschafft, die Zivilehe zur einzig gültigen erklärt und die rechtliche Gleichstellung der Ehepartner verfügt. Die 1917/18 als Volkskommissarin für Sozialfürsorge und 1920 bis 1922 als Leiterin der Frauenabteilung des Zentralkomitees amtierende Feministin Alexandra Kollontai (1872 – 1952) propagierte eine völlige Neuordnung

Felix Dserschinski (1877 – 1926) gründete 1917 die Geheimpolizei Tscheka. Ein Gemälde von 1953 stellt ihn im Kreis von Kindern als einen zugewandten Lehrer dar. In die Geschichte eingegangen ist er als Begründer des Terrorapparates.

Nahe bei den Menschen: „Lenin mit Bauern“, so lautet der Titel dieses Propagandagemäldes, entstanden 1960. Die Bauernpolitik der Bolschewiki mündete unter Stalin in den Kollektivierungsterror.

des Zusammenlebens von Mann und Frau mit Befreiung der Letzteren von der Hausarbeit und Kinderbetreuung durch die Bereitstellung kollektiver Einrichtungen.

Das Ehegesetzbuch vom April 1918 beseitigte die Vorrechte des Ehemanns und erleichterte die Scheidung. Das Familienstatut vom Herbst 1918 schaffte die rechtliche Diskriminierung außerehelicher Kinder ab, im November 1920 wurde die Abtreibung freigegeben, im November 1926 die uneheliche Lebensgemeinschaft als „faktische Ehe“ anerkannt und die Scheidung zu einem reinen Verwaltungsakt heruntergestuft, der per Postkarte vollzogen werden konnte, wenn einer der beiden Partner es wünschte.

Die Praxis schien zunächst mit der Gesetzgebung in Einklang zu stehen: Nach der Revolution stieg die Abtreibungs- und Scheidungsrate, und Lebensgemeinschaften hatten häufig nur vorübergehenden Charakter. Diese Erscheinungen waren bei näherem Hinsehen allerdings weniger die Konsequenz einer staatlich verordneten „sexuellen Revolution“ als die Folge von materieller Not und moralischer Desorientierung.

Die kommunistische Politik der 1920er Jahre hatte eine familienfeindliche Tendenz, indem die Familie häufig mit den Attributen „bourgeois“ und „patriarchalisch“ versehen wurde. Unregistriertes Zusammenleben und sexuelle Freiheit galten als modern, die Einbeziehung der Frauen in die industrielle Produktion als gesellschaftlich erwünscht, das Hausfrauendasein hingegen als „Schande“.

Innerhalb der Partei herrschte in diesen Fragen aber keine Einigkeit. Die älteren Kommunisten (einschließlich Lenins) dachten deutlich konservativer, als es die Propaganda vermuten ließ. Die revolutionären Gedanken Alexandra Kollontais zur Frauenfrage blieben praktisch weitgehend bedeutungslos, weil sie weder den Vorstellungen der obersten Führung noch denjenigen in der Bevölkerung entsprachen. Kritik an der neuen Gesetzgebung übten häufig Frauen, denn die erleichterte Scheidung kam weniger ihnen als denjenigen Männern zugute, die sich der Verantwortung für Kinder entzogen oder ihre Frau verließen, um sich eine jüngere und attraktivere Partnerin zu suchen. Trotz der hohen Scheidungsraten büßte die Familie ihre Funktion als Versorgungs- und Solidargemeinschaft keineswegs ein. Die Erwerbstätigkeit von Frauen wurde oft dadurch ermöglicht, dass die Großmütter sich um den Haushalt und um die Kinder kümmerten.

Alexandra Kollontai (1872–1952) war als erste Frau Mitglied im Rat der Volkskommissare, der sowjetischen Regierung. Sie setzte sich dafür ein, die Frauen aus ihrer traditionellen Rolle als Hausfrau und Mutter zu befreien.

Lebensweise“ mündete in Visionen von völlig neuen Wohnformen. Seit Mitte der 1920er Jahre wurden in der Sowjetunion Entwürfe von sogenannten Kommunehäusern diskutiert. Das Kommunehaus sollte durch kollektiv genutzte Räume und die Delegation von Hausarbeit und Kinderbetreuung an Dienstleistungsstrukturen helfen, die bürgerliche Lebensweise und traditionelle Familienstrukturen zu überwinden. Architekten und Stadtplaner machten sich in den 1920er Jahren intensiv Gedanken über die geeigneten baulichen Rahmenbedingungen für eine neue Lebensweise und die Lenkung sozialer Prozesse im Sinne der Erziehung des „neuen Menschen“.

Unabhängig von der Art seiner Behausung sollte sich der „neue Mensch“ in seiner Lebensweise vom bisherigen Typus abheben. Es galt für Kommunisten als unschicklich, eine schöne Wohnung und überhaupt materiellen Besitz anzustreben. Vielmehr war ein spartanischer Lebensstil angesagt, Minimalismus und Funktionalität waren das Ideal. Die Wohnung beziehungsweise das Zimmer eines Bolschewiken sollte frei von Nippes, Blumentöpfen, Häkeldeckchen

Trotz der Gesetzesänderungen und der Hervorhebung des Themas Gleichberechtigung bestanden die Geschlechterhierarchien und die männliche Dominanz fort. Die hohen Führungspositionen der Partei waren fast ausschließlich mit Männern besetzt. Im Politbüro fand sich unter Lenin und Stalin keine einzige Frau. Auch das Bild vom „neuen Menschen“ war ein überwiegend männliches. Gleichberechtigung der Frau hieß in der Praxis Erwerbstätigkeit und Vermännlichung der Frau. Propagandaplakate der 1920er-Jahre zeigen kräftige Arbeiterinnen mit harten Gesichtern und schwach ausgeprägten weiblichen Attributen. Die Dominanz der männlichen Leitbilder resultierte aus der fortdauernden Einschätzung, dass Frauen rückständig seien und sich an die männlich definierten Erfordernisse anzugleichen hätten.

Die Forderung nach der Befreiung der Frauen von der Hausarbeit und nach der „Vergesellschaftung der

Der Komsomol war die Jugendorganisation der sowjetischen Kommunisten. In seinem Gemälde von 1929 porträtierte der Maler Iwan Kulikow ein „Mädchen aus der militarisierten Komsomol-Gruppe“.

und anderen Zeichen „kleinbürgerlicher“ Häuslichkeit sein. Das Gleiche galt für die äußere Erscheinung der Menschen: Verpönt waren alle Attribute des Individualismus wie modische Kleidung, auffällige Frisuren, Schmuck oder Kosmetika. Unter der Jugend fanden diese Leitbilder durchaus Anhänger. Manche versuchten darüber hinaus, mit Wohn- und Arbeitskommunen ihren Alltag zu revolutionieren.

Für die breite Masse der städtischen Bevölkerung war das kollektive Wohnen allerdings nicht die Verwirklichung eines Wunschs, sondern eine Folge der Wohnungsnot. Im Rahmen des Programms zur Verdichtung des Wohnraums war im Bürgerkrieg die berühmt-berüchtigte Gemeinschaftswohnung (*kommunalka*) entstanden, in der mehrere Familien unter engsten Verhältnissen hausen mussten. Die *kommunalka* wurde ideologisch verbrämt als ein Mittel, um das Denken und Verhalten der Menschen zu verändern, die Organisationsform der Familie und den Individualismus zurückzudrängen. Es ließ sich aber nicht verbergen, dass sie aus der Not geboren war. Die Gemeinschaftswohnungen waren für die nächsten Jahrzehnte ein ständiger Herd zwischenmenschlicher Konflikte und wurden von ihren Bewohnern selten als wünschenswerte kommunistische Alternative zur bürgerlichen Lebensweise erlebt, sondern als Ort der Enge und der Armut.

„Liquidierung des Analphabetismus“ und kulturelle Experimente

Eines der wichtigsten Anliegen war die Überwindung des Analphabetismus. „Ein so zurückgebliebenes Land, in dem die Massen des Volkes der Bildung, des Lichts und des Wissens derart beraubt sind – ein solches Land gibt es in Europa, außer Russland, nicht wieder“, klagte Lenin, um daraus seine Forderung abzuleiten: „Lernen, lernen und nochmals lernen!“. In den letzten Jahrzehnten des Zarenreichs waren bei der Alphabetisierung der Bevölkerung durchaus Fortschritte gemacht worden. 1920 konnten immerhin drei Viertel der städtischen Bevölkerung, aber nur weniger als zwei Fünftel der ländlichen Bevölkerung lesen und schreiben.

Zuständig für die Alphabetisierung war das Volkskommissariat für „Aufklärung“ unter der Leitung von Anatoli Lunatscharski (1875 – 1933). Es wurde unmittelbar nach dem Oktober-Umsturz eingerichtet, was die Dringlichkeit der Aufgabe unterstreicht. Das Dekret über die „Liquidierung des Analphabetismus“ vom 26. Dezember 1919 verpflichtete alle Bürger im Alter zwischen acht und 50 Jahren zum Besuch von Alphabetisierungskursen. Die im Juni 1920 geschaffene „Außerordentliche Kommission zur Bekämpfung des Analphabetismus“ organisierte landes-

Die Bolschewiki unternahmen intensive Anstrengungen, um den Analphabetismus in Russland auszurotten. Eine tragende Rolle fiel dabei den Pädagogen zu. Einen solchen „Dorflehrer“ malte Jewgeni Kazman 1925.

Der Schriftsteller Maxim Gorki (1868–1936) hegte schon früh Sympathien für eine sozialistische Revolution. Nach dem Putsch der Bolschewiki geriet er in Konflikt mit Lenin und lebte von 1921 bis 1931 im Exil. Als Vorsitzender des Schriftstellerverbands (seit 1934) prägte er den „sozialistischen Realismus".

weit ein Netz von mehr als 40 000 „Liquidationspunkten". Das Schulwesen wurde von der Kirche getrennt und mit der Einführung der Einheitsarbeitsschule, die polytechnischen Unterricht und produktive Arbeit miteinander kombinierte, grundlegend reformiert; an den Universitäten wurden „Arbeiterfakultäten" eingerichtet.

Mit der Alphabetisierungskampagne beschleunigten die Bolschewiki eine Entwicklung, die schon deutlich vor der Revolution begonnen hatte. Einen entschieden revolutionären Ansatz verfolgte hingegen die „Proletarische Kulturbewegung" („Proletkult"). Ihr ging es um die Schaffung einer neuen proletarischen Kultur. Kunst und Kultur sollten nicht wie früher nur einer kleinen gebildeten Elite, sondern den Arbeitern dienen und von ihnen selbst mitgestaltet werden. Hinter dieser Idee stand eine kleine Gruppe von Intellektuellen unter der Führung von Alexander Bogdanow, der 1909 nach einer Kontroverse mit Lenin aus der Partei ausgeschlossen worden war, aber die Unterstützung von Lunatscharski genoss.

Die „Proletarische Kulturbewegung" zählte 1920 400 000 Mitglieder und 80 000 Aktivisten und gab 16 Zeitschriften heraus. Sie rief Arbeiterchöre und Straßentheater ins Leben, experimentierte mit Massenspektakeln und neuen Ausdrucksformen. Sie gründete Klubs und Zirkel, Literaturstudios und „Arbeiteruniversitäten". Lenin wandte sich jedoch gegen die Vorstellung einer von Partei und Staat unabhängigen kulturrevolutionären Bewegung. Im Oktober 1920 erklärte er das Unterfangen für unsinnig und machte sich über die Aktivisten von „Proletkult" lustig. Bald darauf wurde die Organisation durch ihre Eingliederung in das Volkskommissariat für Aufklärung erstickt.

Die Jahre unmittelbar nach der Revolution waren eine Zeit der kulturellen Experimente und verglichen mit dem, was im Stalinismus folgte, noch von Vielfalt gekennzeichnet. Das revolutionäre Russland erschien vielen avantgardistischen und futuristischen Künstlern als der Ort, an dem die kulturelle Moderne nun ungeahnte Entfaltungsmöglichkeiten habe. Die Bolschewiki ließen die Künstler gewähren, wenngleich Lenin und mit ihm andere hohe Parteiführer für allzu radikale kulturelle Neuerungen wenig empfänglich waren. Sie hegten Misstrauen gegenüber einer abgehobenen, den Volksmassen unverständlichen Esoterik. Das offizielle bolschewistische Kulturverständnis lief weniger auf die komplette Neuerfindung, sondern auf die Aneignung und Ergänzung der europäischen Hochkultur hinaus. Die vorrevolutionäre „bürgerliche" Kultur wurde nicht über Bord geworfen, ihre Einrichtungen wurden nicht geschlossen, sondern vielmehr den Proletariern zugänglich gemacht.

Die kulturrevolutionären Experimente der unmittelbar auf die Revolution folgenden Jahre wurden zwar bald wieder eingedämmt – eine regimekritische künstlerische Betätigung war ohnehin undenkbar –, aber ein allseits wirksamer Konformitätsdruck wurde noch nicht ausgeübt. Emigrierte Künstler, wie zum Beispiel Maxim Gorki (1868–1936) oder Sergei Prokofjew (1891–1953), kehrten wieder in die Sowjetunion zurück, im Land verbliebene wie Michail Soschtschenko (1895–1958), Michail Bulgakow (1891–1940) oder Ossip Mandelstam (1891–1938) konnten ihre Werke publizieren, auch wenn sie nicht unbedingt bolschewistisch ausgerichtet waren. Der überzeugte Kommunist und Vorzeigedichter Wladimir Majakowski (1893–1930) durfte ausgedehnte Auslandsreisen unternehmen. Kasimir Malewitsch (1878–1935) entwickelte seine abstrakte Malerei weiter, konnte

1927 ebenfalls ins Ausland reisen, hatte aber nach anfänglicher Förderung zunehmend Akzeptanzprobleme. Partei und Regierung bevorzugten eine Kunst, die im marxistischen Sinn ausgerichtet war, aber in den 1920er Jahren wurde noch nicht jeder, der nicht in dieses Schema passte, ausgegrenzt. In dieser Phase formierten sich mehrere Richtungen in der sowjetischen Literatur, die einander befehdeten und gegeneinander polemisierten. Grundsätzlich waren Kontrolle und Reglementierung von Kunst und Kultur aber schon angelegt. Eine der Ersten, die das zu spüren bekamen, war die Lyrikerin Anna Achmatowa (1889–1966), deren Werke seit 1922 nicht mehr gedruckt wurden. Ende der 1920er Jahre verstärkte sich die Tendenz zur Nivellierung des Kulturlebens. Die 1920 gegründete „Allrussische Assoziation Proletarischer Schriftsteller" (VAPP) entwickelte sich seit 1928 zur monopolistischen Organisation der Literaten. Zahlreiche Kulturschaffende mussten nun Einschränkungen hinnehmen oder litten sogar unter Verfolgungen. Bulgakows Werke wurden seit 1930 nicht mehr veröffentlicht, Malewitsch wurde 1930 festgenommen und wochenlang verhört.

Zähmung und Erneuerung der Bildungsschichten

Einen Kompromiss mussten die Bolschewiki im Hinblick auf die Bildungsschichten eingehen, denn ohne die Mitarbeit der noch vor 1917 ausgebildeten bürokratischen, kulturellen und wissenschaftlichen Eliten konnte auch der revolutionäre Staat nicht funktionieren.

Die Mehrheit der Intellektuellen hatte 1917 nicht mit den Bolschewiki, sondern mit der Provisorischen Regierung oder dem konservativen Lager sympathisiert. Selbst viele Vertreter der linken Intelligenzia hatten vor 1918 im Lager der Sozialrevolutionäre und Menschewiki gestanden. Die an die Macht gekommenen Bolschewiki konnten auf das Fachwissen der „bürgerlichen Spezialisten" so lange nicht verzichten, bis genügend „rote" Fachleute ausgebildet waren, aber ihr Wirken wurde auf die Ausführung der ihnen zugedachten funktionellen Aufgaben beschränkt.

Der Maler Kasimir Malewitsch (1878–1935) konnte nach 1917 zunächst die abstrakte Formensprache, die er vor dem Ersten Weltkrieg entwickelt hatte, fortsetzen. Mit der Unterdrückung der Avantgarde kehrte er Ende der 1920er Jahre zur gegenständlichen Malerei zurück.

Der Komponist Sergei Prokofjew (1891–1953) hatte nach der Oktoberrevolution 1918 Russland verlassen. Seit 1927 regelmäßig auf Konzertreise in seiner Heimat, kehrte er 1936 endgültig in die Sowjetunion zurück.

Beiträge zur politischen und gesellschaftlichen Diskussion waren nicht erwünscht, ihre Identität als Mitgestalter des geistigen Lebens wurde gebrochen.

Während sich viele der jüngeren Schriftsteller und Maler den Bolschewiki zuwandten, war das bei der wissenschaftlichen und professionellen Intelligenz nicht der Fall. Die Bolschewiki bildeten im Milieu der Wissenschaftler, Ingenieure, Techniker und Bürokraten eine geächtete Minderheit. Sie erschienen als die Partei der städtischen Unterschichten und der Straße; man verband sie mit gewaltsamem Umsturz, aber nicht mit Fortschritt. Die Angehörigen der Bildungsschichten hatten 1917 überwiegend davon geträumt, dass Russland nach der Abschüttelung der Autokratie die Integration in die westlich-europäische Moderne vollenden könne. Ein bolschewistischer Sonderweg konnte ihnen kaum erstrebenswert erscheinen.

Ein Teil der Bildungseliten flüchtete beziehungsweise emigrierte ins Ausland, andere gingen in die „innere Emigration“ und hofften auf eine Niederlage der Bolschewiki im Bürgerkrieg oder zumindest auf eine Kursänderung nach seinem Ende. Die überwiegende Mehrheit der Hochschullehrer und Akademiemitglieder lehnte ebenso wie die Staatsangestellten die Machtergreifung der Bolschewiki ab. Der Protest – genährt durch ideologische Anfeindungen und unerträgliche Arbeitsbedingungen – gipfelte im Januar 1922 in einem Streik der Professoren der Moskauer Universität.

Das Regime reagierte auf die Unbotmäßigkeiten mit der Unterstellung der Universitäten und der Akademie der Wissenschaften unter das Volkskommissariat für Aufklärung. Aufklärungskommissar Lunatscharski und sein Stellvertreter, der marxistische Historiker Michail Pokrowski (1868–1932), der dem Ressort der Wissenschaften vorstand, hatten Mühe, den liberal-bürgerlichen Korpsgeist der akademischen Elite zu brechen. Herausragende Gelehrte, meistens Naturwissenschaftler, konnten es sich sogar leisten, während des Bürgerkriegs für die Weißen Partei zu ergreifen, ohne ihren Arbeitsplatz zu verlieren. Techniker, Ingenieure und Naturwissenschaftler wurden dringend benötigt. Bürgerliche Geistes- und Sozialwissenschaftler galten hingegen als überflüssig. Ihre prominenten Vertreter wurden in den ersten Jahren nach der Revolution ausgewiesen.

Partitur der Prokofjew-Oper „Der feurige Engel“, die zwischen 1919 und 1927 entstand. Das Werk wurde zu Lebzeiten des Komponisten nicht aufgeführt. Es passte aus Sicht der Machthaber nicht zum Sozialismus.

Die Abhängigkeit von den sogenannten bürgerlichen Spezialisten war dem Regime von Anfang an ein Dorn im Auge. Lunatscharski und Pokrowski bemühten sich daher, möglichst schnell die institutionellen Grundlagen für die Heranziehung neuer, „sozialistischer“ Kader in der Wissenschaft zu schaffen. Im Juni 1918 wurde die „Sozialistische Akademie“ gegründet (1924 umbenannt in „Kommunistische Akademie“). Die Ausbildung neuer Hochschullehrer übernahm das 1921 gegründete „Institut der Roten Professur“. Solange die an diesen Institutionen heranzubildenden Kader noch nicht in größerer Zahl einsetzbar waren, mussten sich die Bolschewiki mit den aus der vorrevolutionären Zeit übernommenen Wissenschaftlern, Professoren und Fachleuten arrangieren, wenn sie nicht den Zusammenbruch des wissenschaftlichen und ökonomischen Lebens riskieren wollten.

Seit 1927, als man über einen ersten Grundstock an Absolventen der neuen sowjetischen Ausbildungsstätten verfügte, begann jedoch der Angriff der Partei auf die „bürgerlichen“ Wissenschaftsinstitutionen. Die Akademie der Wissenschaften wurde sowjetisiert und gezwungen, kommunistische Wissenschaftler zu kooptieren, ihre Institute wurden unter die Kontrolle von Funktionären gestellt. Vor allem unter den Geisteswissenschaftlern fanden umfangreiche Säuberungen statt.

„Kontraproduktive Phantastereien“: Höhepunkt und Ende der „Kulturrevolution“

In den Jahren 1928 bis 1931 erlebte die „Kulturrevolution“ ihren Höhepunkt und ein abruptes Ende. Parallel zur Zwangskollektivierung der Landwirtschaft und zum Anlaufen der forcierten Industrialisierung fand auch auf kulturellem Gebiet eine Radikalisierung statt. Sie umfasste zwei Hauptelemente: die beschleunigte Ausbildung von Fachleuten, um die „bürgerlichen Spezialisten“ mittelfristig ersetzen zu können, und das Wiederaufgreifen von radikalen revolutionären Konzepten zur Umgestaltung der Lebensweise, wie sie während des Bürgerkriegs vorübergehend verfolgt worden waren. Die Zeit schien nun reif zu sein, die 1921 steckengebliebene Revolution zu vollenden.

Den Auftakt zu einer neuen Politik gegenüber den alten Funktionseliten gab 1928 die Aufdeckung einer angeblichen konterrevolutionären Verschwörung in den Kohlebergwerken von Schachty im Donezbecken. Mit dem Schachty-Prozess begann eine Hetzjagd auf „bürgerliche“ Ingenieure, Manager und Fachleute. Die Prozesse dienten der Einschüchterung. Ersetzen konnte man die „bürgerlichen Spezialisten“ vorläufig noch nicht, dafür mussten erst neue Kräfte ausgebildet werden. Zu diesem Zweck beschloss das Zentralkomitee im Juli 1928 als Sofortmaßnahme, 1000 Kommunisten an die technischen Hochschulen zu beordern. Der Anteil von Arbeiterkindern an den Hochschulen erhöhte sich zwischen 1927/28 und 1932/33 von 25 auf über 50 Prozent bei gleichzeitigem Ansteigen der Studentenzahlen von 160 000 auf 470 000.

„Fort mit dem Joch und dem Spießertum des häuslichen Daseins!“ – ein Plakat von 1932. Zu dieser Zeit wandte sich die Parteiführung jedoch schon gegen radikale kulturrevolutionäre Konzepte.

Unterfüttert wurden die Ausbildungsmaßnahmen durch die Fortsetzung der Alphabetisierungskampagne und einen regelrechten „Kulturfeldzug“: 1930 wurde die allgemeine Schulpflicht für die acht- bis elfjährigen Kinder eingeführt. Sogenannte Kulturarmisten zogen aufs Land, um den Bauern eine fortschrittliche Lebensweise beizubringen.

Im Zusammenhang mit dieser Bildungsoffensive vollzog sich seit Ende der 1920er Jahre ein atemberaubender Aufstieg aus der Arbeiter- und Bauernschaft. Allerdings waren die neuen Fachleute nur dürftig ausgebildet und auf ihren Posten häufig überfordert. Stalin reagierte darauf im Juni 1931 mit einer programmatischen Rede vor Wirtschaftsfachleuten, die einen Kurswechsel markierte. Seine Botschaft lautete sinngemäß: Die Partei könne sich nun auf die neue proletarische und loyale technische Intelligenz stützen. Die parteilosen bürgerlichen Spezialisten seien unschädlich gemacht worden und könnten daher wieder in die Produktion integriert werden. Man müsse ihr Know-how nutzen, solange es nicht genügend neue Spezialisten gebe. Die exzessive Berufung von Arbeitern in Führungspositionen müsse einer kontrollierten, auf Leistung und Treue beruhenden Rekrutierung weichen.

Den zweiten Bestandteil der kulturrevolutionären Hochkonjunktur zwischen 1928 und 1931 bildete ein vorübergehendes Aufblühen revolutionär-radikaler Ideen, die darauf abzielten, das Leben in der Sowjetunion als eine attraktive Alternative zum Kapitalismus zu gestalten. Eines der Felder, auf denen damals grandiose Visionen entworfen wurden, war die Stadtplanung. Die Diskussionen der 1920er Jahre auf die Spitze treibend, wurden radikale Entwürfe für die Umgestaltung bestehender und den Bau neuer Städte präsentiert. Auch ausländische Stadtplaner und Architekten fuhren in die Sowjetunion, als sie die Chance witterten, in großem Stil von Grund auf neu planen und Ideen verwirklichen zu können, die in Westeuropa unter den Bedingungen des Privateigentums und demokratischer Entscheidungsstrukturen nicht umsetzbar waren. Man debattierte lebhaft darüber, was das Wesen der sozialistischen Stadt im Unterschied zur kapitalistischen ausmache, und trat mit revolutionären Entwürfen auf den Plan.

Verwirklicht wurden diese kühnen Projekte nicht, weil die Parteiführung 1930/31 entschieden gegen die radikalen Utopien Position bezog. Architekten und Stadtplaner wurden zur Ordnung gerufen und aufgefordert, bei ihren Planungen auf die realen Verhältnisse Rücksicht zu nehmen. Im Mai 1930 verwarf das Zentralkomitee auch die radikalen Vorschläge zur Sozialisierung der Lebensweise als „kontraproduktive Phantastereien“. Eine endgültige Abfuhr erhielten die kulturrevolutionären Konzepte im Juni 1931, als das einflussreiche Politbüro-Mitglied Lasar Kaganowitsch (1893–1991) vor dem Zentralkomitee klarstellte, dass man heute noch gar nicht wisse, wie die endgültigen Lebensformen im Kommunismus aussehen würden, und dass man diese nur schrittweise schaffen könne. Die Befreiung der Frau von den Tätigkeiten des Kochens, des Haushalts und der Kinderbetreuung durch den Bau von Wäschereien, Kantinen und Kinderkrippen sei wünschenswert, aber in den nächsten Jahren nicht realisierbar. Dringlicher seien die Schaffung von Wohnraum und die Verbesserung der städtischen Infrastrukturen.

Dieses Zurückdrängen der Kulturrevolution durch die Parteiführung deutet darauf hin, dass es sich bei ihr zum guten Teil um ein Produkt spontaner Initiative von unten gehandelt hatte, im Sinne eines revolutionären Aufbegehrens gegen das Establishment und die traditionelle Kultur. Die Partei stellte dieses Aufbegehren in ihre Dienste, solange es ihr nützlich schien, um die alten Strukturen aufzubrechen, die durch die Neue Ökonomische Politik konserviert worden waren, aber letztendlich passte es nicht in das kommandowirtschaftliche System, das Stalin Anfang der 1930er Jahre installierte.

Folgerichtig wurden die Kulturrevolutionäre 1931 in ihre Schranken verwiesen. Mit ihnen gerieten in den 1930er Jahren auch die avantgardistischen Strömungen in der Kunst und in der Literatur ins Abseits. Stalins „Revolution von oben“ veränderte die Lebenswelt der Menschen tiefgreifend. Mit der kommunistischen Utopie, die Bucharin und Preobraschenski 1919 idealisierend ausgemalt hatten, hatte das Ergebnis von zwei Jahrzehnten sowjetischer Herrschaft und zweier Anläufe zur Forcierung des Umgestaltungsprojekts allerdings nur wenig gemein.

Prof. Dr. Dietmar Neutatz, geb. 1964, lehrt Neuere und Osteuropäische Geschichte an der Albert-Ludwigs-Universität Freiburg im Breisgau.

Der Bürgerkrieg

Bewährungsprobe mit Waffen

Helmut Altrichter

Nach ihrem Putsch gegen die Regierung übernahmen die Bolschewiki Stück für Stück die tatsächliche Kontrolle über das Riesenreich. Sie taten dies mit Gewalt und unter konsequenter Zerstörung der alten Strukturen. Der Weg führte geradewegs in den Bürgerkrieg.

„Sturz der Provisorischen Regierung", „Kontrolle der Arbeiter über die Fabriken", „Enteignung des Großgrundbesitzes", „Verstaatlichung der Banken", „Alle Macht den Räten" lauteten die Parolen Lenins und der Bolschewiki seit dem Frühjahr 1917. Hinter den Losungen stand ein Programm, eine politische Agenda. Sie forderte, dass auf die erste, politische, „bürgerliche Phase" der Revolution, die dem Land den Sturz der Autokratie und die bürgerlichen Freiheitsrechte gebracht hatte, möglichst rasch eine weitere, soziale, „sozialistische" Revolution folgen müsse. Dabei sollte die Macht auf die Räte, als Interessenvertretungen des Proletariats und der ärmsten Schichten der Bauernschaft, übergehen.

Die Illusion, dass dieser Übergang gewaltfrei verlaufen und jeweils durch Mehrheiten entschieden würde, hatte Lenin nicht; die Bourgeoisie würde die Macht nicht freiwillig abgeben. Ihr Widerstand müsse „mit Gewalt gebrochen" werden, schrieb er im Herbst 1917, noch vor dem Oktober, und kündigte für den Übergang von der kapitalistischen zur kommunistischen Gesellschaft eine „Diktatur des Proletariats" an. Insofern war die gewaltsame Durchsetzung der bolschewistischen Agenda, die im Oktober mit einem bewaffneten Aufstand begann, von Anfang an Teil des Programms, waren Revolution und Bürgerkrieg nicht voneinander zu trennen, sie gingen nahtlos ineinander über.

Lenin hatte den Entschluss zum bewaffneten Aufstand im bolschewistischen Zentralkomitee durchgesetzt, gegen alle Stimmen, die die Entscheidung dem Zweiten Sowjetkongress überlassen wollten, und er wehrte sich nach dem Aufstand auch erfolgreich gegen alle Bemühungen, mit der Bildung einer sozialistischen Allparteienregierung die Revolution auf eine breitere Basis zu stellen. Mit Verbot und Verhaftungen wurde schon im November gegen bürgerliche Parteien und ihre Presseorgane vorgegangen und im Dezember zur Brechung jeglichen Widerstands eine „Außerordentliche Kommission zur Bekämpfung von Konterrevolution und Sabotage" gegründet, die

Die Machtzentrale: In den Morgenstunden des 26. Oktober 1917 wurde eine neue Regierung geschaffen – der Rat der Volkskommissare. Darin waren unter dem Vorsitz Wladimir Lenins (Mitte, unter der Lampe) die wichtigsten Persönlichkeiten der Putschisten versammelt.

Felix Dserschinski (1877–1926) übte seit September 1918 mit der von ihm geleiteten Geheimpolizei Tscheka gezielt Terror aus – durch Verhaftungen, Folter und Mord in Serie. So sollte ein Klima der Angst geschaffen werden.

berüchtigte „Tscheka". Dieser fielen in den nächsten Wochen und Monaten Tausende tatsächliche oder vermeintliche „Konterrevolutionäre" zum Opfer. Dass man sich durch Mehrheiten nicht vom eingeschlagenen Weg abbringen ließ, zeigte das Schicksal der verfassunggebenden Versammlung. Sie wurde Anfang Januar nach nur einer Sitzung aufgelöst.

Bei den im November 1917 durchgeführten Wahlen war, trotz massiver Versuche der Bolschewiki, auf das Ergebnis Einfluss zu nehmen, landesweit nur ein Viertel der Stimmen auf sie entfallen. Sicher, in den 68 Gouvernementsstädten, für die Unterlagen vorliegen, wurden sie mit einem Stimmenanteil von über 36 Prozent eindeutig zur stärksten Gruppierung, in den Metropolen (Moskau und Petrograd) erreichten sie sogar über 46 Prozent. Am größten war der Zuspruch bei den kriegsmüden Soldaten und Matrosen der Nordfront, der Westfront, der Baltischen Flotte und in den 92 Garnisonen des Hinterlands, wo 60 Prozent (manchmal sogar noch mehr) der Wähler für die Bolschewiki gestimmt hatten. Daraus wird ersichtlich: Die Bolschewiki hatten ihren stärksten Rückhalt in den städtischen Unterschichten und bei den politisierten einfachen Soldaten, meist bäuerlicher Herkunft. Freilich, landesweit waren die meisten Stimmen (knapp 60 Prozent) auf Gruppierungen sozialrevolutionärer Ausrichtung gefallen, die damit in der verfassunggebenden Versammlung über eine absolute Mehrheit verfügten.

Das Ergebnis ist schnell erklärt: Noch immer war Russland ein Agrarland, die große Mehrheit der Bevölkerung lebte auf dem Dorf, und seit jeher galten die Sozialrevolutionäre als „ihre" Partei. In den beiden Hauptstädten und im Durchschnitt der 68 Gouvernementsstädte waren die Konstitutionellen Demokraten, die als Partei von Handel und Gewerbe, vor allem aber der liberalen bürgerlichen Intelligenz galten, zur zweitstärksten Partei geworden, in manchen Provinzstädten hatten sie sogar Bolschewiki und Sozialrevolutionäre hinter sich gelassen. Doch landesweit reichte es für die Liberalen nur zu rund fünf

Prozent, weshalb sie auch in den kommenden Auseinandersetzungen kaum noch eine Rolle spielten.

Übertrug man die Ergebnisse der Wahlen auf eine Karte, so zeigte sich, dass die Bolschewiki vor allem im Zentrum, im Umkreis der beiden Hauptstädte, Petrograd und Moskau, nach Westen und Nordwesten ausstrahlend, dominierten. Jenseits dieses Zentrums, in den südlich, östlich und nordöstlich angrenzenden Gebieten, waren sie dagegen (von den städtischen Provinzzentren abgesehen) eine kleine Minderheit. Dort unterstützte die Mehrheit die sozialistische Bauernpartei der Sozialrevolutionäre. Noch weiter im Süden, Südwesten und Südosten (in der Ukraine, in Neurussland, im Don-Gebiet und im baschkirisch-kasachischen Gebiet von Orenburg) hatten die meisten für nationale Gruppierungen gestimmt.

Zog man die Grenzen zwischen bolschewistischen und nicht-bolschewistischen Gebieten durch, so waren damit die Fronten des Bürgerkriegs bereits abgesteckt: Es war ein Krieg der Bolschewiki gegen die alten Gewalten, der Stadt gegen das Dorf, des Zentrums gegen seine abfallenden Randprovinzen, in den auch ausländische Mächte eingriffen und der mit der Behauptung der innerstaatlichen Macht durch die Bolschewiki endete; ihn zu einem europäischen Bürgerkrieg zu machen, eine „Weltrevolution" auszulösen, scheiterte dagegen. Begonnen hat er mit der Umsetzung der Ziele des Oktober.

Die Räte als nützliches Werkzeug: die Zerschlagung des alten Staatsapparats

Mit Hilfe des „Militärischen Revolutionskomitees", eines Organs des Petrograder Arbeiter-und-Soldaten-Rats, hatten die Bolschewiki den bewaffneten Aufstand vorbereitet und durchgeführt. Auf Befehl des Militärischen Revolutionskomitees hatten Soldaten der Petrograder Garnison und bewaffnete Arbeiterbrigaden („Rote Garden") am Abend des 24. Oktober die strategisch wichtigen Punkte der Stadt besetzt; in seinem Namen war am nächsten Morgen die Absetzung der alten Regierung und der Übergang der Macht in die Hände des Petrograder Sowjet verkündet worden. Innerhalb weniger Tage sandte das Militärische Revolutionskomitee Vertreter zu 113 militärischen Einheiten, in 18 Gouvernements des Reichs und in die 44 wichtigsten Städte. Der Sowjetstaat erstand entlang den Bahnlinien und hatte in den Städten seine wichtigsten Stützen.

Es scheint, dass vielerorts das Petrograder Grundmuster kopiert wurde. Eine kleine bolschewistische Initiativgruppe übernahm „im Namen der Räteherrschaft" das Kommando und stellte sich im Nachhinein dem Plebiszit der Massen im Sowjet. Je nach Situation und Stärke betrieb die Gruppe mit wechselnden Methoden die Absetzung der Kommissare der alten Regierung, die Umbildung des Räteexekutivkomitees und die Neuwahl der Räte. Sie setzte sich für die Vereinigung von Arbeiter- und Soldatenrat ein und versuchte, den Bolschewiki die Mehrheit im gemeinsamen Präsidium zu sichern. Massenhaft wurden Räte neu gegründet, wo sie bis dahin noch gefehlt hatten.

Man löste die alten städtischen und ländlichen Selbstverwaltungskörperschaften (die Stadtdumas und die Semstwo) auf, zunächst mit dem Versprechen einer Neuwahl, und schaffte sie

Die Tscheka nutzte seit ihrer Gründung Ende 1917 das Verwaltungsgebäude der „Allgemeinen Russischen Versicherungsgesellschaft" am Lubjanka-Platz in Moskau als Gefängnis. Auch unter den Nachfolgeorganisationen GPU sowie NKWD und KGB war „die Lubjanka" Synonym für den gefürchteten geheimpolizeilichen Apparat der Sowjetunion.

schließlich ab. Wo gemeinsame Leitungskomitees aus Vertretern von Stadtduma, Semstwo-Verwaltung und Stadtsowjet existierten, wurden die Ersteren allmählich hinausgedrängt. Zeigte sich innerhalb und außerhalb der Räte Widerstand, konnte er längere Zeit toleriert werden. Wurden Rote Garden zu Hilfe gerufen, brachen sie die Opposition mit der Behauptung, die „Konterrevolution“ zu bekämpfen oder die „wahre“ Räteherrschaft zu festigen.

Schon in Zentralrussland waren die Verhältnisse unterschiedlich – von den Randgebieten ganz zu schweigen, wo zu den politischen und sozialen noch die nationalen Unterschiede und Probleme hinzukamen. Am leichtesten fiel offenbar die Übernahme der Macht in den Industriegebieten Zentralrusslands und des Ural. Hier konnten die Bolschewiki auf eine starke, militante Arbeiterschaft bauen und oft bereits vor dem Oktober die Mehrheit im Sowjet stellen. Nach dem Umsturz übernahm der Sowjet die Macht.

Die „Roten Garden“ (Foto: Mitglieder vor dem Smolny-Institut in Petrograd) waren der bewaffnete Arm der Bolschewiki. Diese im März 1917 gegründete Miliz trug militärisch den Oktober-Putsch. Im März 1918 wurde sie in die „Rote Armee“ integriert.

Schwieriger war die Lage in den Wolga-Städten. Hier gab es ein starkes Bürgertum, und die Arbeiterschaft stand keineswegs geschlossen hinter den Bolschewiki. Eher auf Ausgleich denn auf Konfrontation bedacht, arbeiteten menschewistische Sowjets und alte Stadtverwaltungen eng zusammen. In diesen Fällen mussten vor dem Staat erst die Räte „revolutioniert“ werden. In den zentralen landwirtschaftlichen Regionen im Süden und Südosten des europäischen Russland schließlich stand die Räteorganisation überhaupt auf schwachen Füßen und, wo sie existierte, geschlossen hinter den Sozialrevolutionären. Wo dies so war, griffen die Bolschewiki, so scheint es, besonders häufig zum Mittel der militärischen Intervention.

Was die allgemeine Lage noch verwirrender machte, war, dass die bolschewistische Parteiführung selbst keine klare Vorstellung vom Aufbau des Sowjetstaats entwickelt hatte. Unklar waren die künftigen Kompetenzen der lokalen Sowjets, die regionalen Organisationsformen, der Grad der Zentralisierung und die Stellung der bolschewistischen Parteikomitees. Unschlüssig, welche Probleme als erste anzugehen waren, und vor der Frage, welche Institutionen beibehalten und welche liquidiert werden mussten, wie weit die Zuständigkeiten der loka-

len Sowjets reichten und wo ihre Autonomie endete, welche Rolle und Funktion den Bolschewiki als Partei zukam und wie das Verhältnis zu den anderen sozialistischen Gruppen zu regeln war, fielen die lokalen Antworten unterschiedlich aus. Diese anfängliche Orientierungslosigkeit lag nicht daran, dass die bolschewistische Parteiführung der schöpferischen Spontaneität der Massen nicht vorgreifen wollte. Vielmehr hatte sie die Räte in ihr Organisationsprogramm aufgenommen, ohne sich einer Strukturidee des Rätestaats zu verpflichten.

Im Frühjahr 1918 war Räterussland eine Ansammlung „unverbundener, einfacher örtlicher Sowjets", die nur der gemeinsame Hass gegen die alte Ordnung zusammenhielt – so hat es ein Mitglied des Volkskommissariats des Inneren beschrieben. Die Räte regelten ihre lokalen Belange weitgehend autonom, erhoben Steuern, belegten durchfahrende Güter mit Abgaben oder konfiszierten sie für den lokalen Bedarf. Was außerhalb des eigenen Territoriums vor sich ging, kümmerte sie wenig. Sie unterschieden sich in Größe und Organisation, im Wahlverfahren und in der sozialen Zusammensetzung.

Der Staatsführung war klar, dass diese Lage nicht rasch und nicht von oben allein zu ändern war, dazu fehlten die Mittel. Sie wusste auch, dass ihre Gesetze nur wie propagandistische Verlautbarungen wirkten und ihre Anordnungen den Charakter bloßer Empfehlungen trugen. Die chaotische Situation im Innern war eine notwendige Folge der bolschewistischen Politik und der Effekt, die Auflösung der alten Machtstrukturen im Chaos, gewollt.

Die Regierung hatte diese Entwicklung noch gefördert, indem sie Ende November 1917 alle bestehenden ordentlichen Gerichte (vom Bezirksgericht bis hinauf zum Regierenden Senat) aufhob. Abgeschafft wurden auch die Einrichtungen der Untersuchungsrichter, der Staatsanwaltschaft und das System der Anwaltskammern (Advokatur). Als Ankläger und Verteidiger waren künftig alle unbescholtenen Bürger beiderlei Geschlechts zugelassen. Als aufgehoben galten alle Gesetze, die den Verordnungen

Schon Ende November 1917 krempelten die Bolschewiki das bis dahin gültige Justizwesen komplett um. Ankläger und Verteidiger wurden durch dem „revolutionären Gewissen" verpflichtete Bürger ersetzt (Gemälde: „Sowjetisches Gericht" von Boris Joganson, 1928).

„Arbeiterkontrolle": Unter diesem Stichwort fasste die neue Regierung Maßnahmen zusammen, mit denen Arbeitervertreter nach Belieben in die Führung der Betriebe eingreifen konnten (Illustration: Arbeiter prüfen die Bücher in einer Fabrik, 1917).

„der Rätemacht" und den sozialistischen Parteiprogrammen widersprachen. Die neuen Gerichte sollten nach „revolutionärem Gewissen" und „revolutionärem Rechtsbewusstsein" entscheiden. Damit war Willkür und Selbstjustiz Tür und Tor geöffnet.

Zauberwort „Arbeiterkontrolle": die rotgardistische Attacke auf das Kapital

Zur „planmäßigen Regulierung der Volkswirtschaft" führte der Rat der Volkskommissare Mitte November 1917 per Dekret in allen Unternehmen, die Lohnarbeiter anstellten oder Heimarbeit vergaben, die „Arbeiterkontrolle" ein. Die Arbeiterkontrolle sollte sich auf alle Fragen der Produktion, des Einkaufs und Verkaufs beziehen, auf die Waren selbst, die Rohstoffe und ihre Lagerung sowie auf Finanzoperationen der Unternehmen. Die Organe der Arbeiterkontrolle sollten die in jedem Unternehmen gewählten Interessenvertretungen sein, ob sie sich nun „Betriebskomitees", „Fabrikkomitees", „Ältestenräte" oder noch anders nannten – in jedem Fall mussten ihnen auch Vertreter der Angestellten und des technischen Personals angehören.

Das Dekret bestätigte den Organen der Arbeiterkontrolle ausdrücklich das Recht, Produktionsminima festzusetzen, Selbstkostenrechnungen aufzustellen und die gesamte Geschäftskorrespondenz zu kontrollieren. Unternehmern, die Briefe oder Rechnungen verheimlichten, wurde Strafverfolgung angedroht. Alle Entscheidungen der Arbeiterkontrollorgane waren für die Eigentümer der Unternehmen obligatorisch. Gegen Beschlüsse der unteren Organe konnten sie binnen drei Tagen bei den höheren Kontrollorganen Beschwerde einlegen.

Mit Hilfe des Dekrets über die Arbeiterkontrolle versicherte sich die neue Staatsführung der Unterstützung der Betriebskomitees und der hinter ihnen stehenden industriellen Arbeiter. Mit den Betriebskomitees ließ sich, so hoffte man, die politische und ökonomische Macht der Unternehmer brechen und der kapitalistische Wirtschaftsapparat in die Dienste des proletarischen Staats nehmen. Betriebsleitungen und technisches Personal sollten als unverzichtbare „Spezialisten" vorerst erhalten bleiben und unter strenger Aufsicht von Betriebskomitees und Sowjetorganen ihre Tätigkeit fortsetzen.

Wie weit die Arbeiterkontrolle gehen durfte und wo sie ihre Grenzen fand, ließ das Dekret offen. Der Zentralrat der Petrograder Betriebskomitees interpretierte den Wortlaut großzügig. Er instruierte die Betriebskomitees, Arbeiterkontrolle nicht passiv zu verstehen, sondern „sich einzumischen" in die Anordnungen des Unternehmers über Kapital, Inventar und die in der Fabrik vorhandenen Rohstoffe.

Viele Fabrikkomitees folgten diesem Ratschlag und griffen ohne Selbstbeschränkung in alle Fragen der Unternehmensführung ein. Zeigte sich aktiver oder passiver Widerstand, drohten sie mit der Konfiszierung des Unternehmens. Nichts war ohne Wissen und Willen der Fabrikkomitees durchzusetzen. Schränkten die Unternehmer die Produktion ein, so erweiterten die Komitees sie wieder, kündigten sie die Schließung der Fabrik wegen Rohstoffmangels an, erzwangen die Komitees die Rücknahme des Beschlusses, und setzte sich der Eigentümer

Durch Enteignungen ging bis 1919 fast der gesamte landwirtschaftliche Grund und Boden in die Hand der Bauern über, die diesen meist in Eigenregie bearbeiteten. Die Sowjetregierung setzte dagegen auf die Bewirtschaftung in Form von Kolchosen (Foto: Bauern in der Ukraine bei einer Veranstaltung zur Kollektivierung).

schließlich ab, so führten die Komitees den Betrieb ohne ihn weiter.

Die Gegensätze spitzten sich sehr rasch zu, und die stille Nationalisierung wurde zur „rotgardistischen Attacke auf das Kapital". Zwischen November 1917 und März 1918 wurden allein in der Kernregion des europäischen Russland 836 Industrieunternehmen enteignet, die meisten davon nicht durch förmlichen Beschluss der dazu berechtigten Regierungsgremien, sondern durch die einfache Entscheidung der lokalen Sowjet- und Kontrollorgane. Jeder vierte bis fünfte enteignete Betrieb wurde in die Verfügungsgewalt der Belegschaft überführt („sozialisiert"), über 70 Prozent wurden „nationalisiert". In der Praxis machte beides kaum einen Unterschied; denn zentrale, staatliche Organe, die die Verwaltung der „nationalisierten" Betriebe hätten übernehmen können, gab es vorläufig nicht.

Hinzu kam, dass weit über die Hälfte der bis zum Frühjahr 1918 enteigneten Betriebe Klein- und Kleinstunternehmen waren, die vom Engagement ihrer Besitzer lebten und nicht ohne weiteres von ihren Belegschaften weiterzuführen waren. Allein in Petrograd mussten von 773 Unternehmen bis zum 1. April 1918 über 231 (aus welchen Gründen auch immer) ihren Betrieb einstellen, verglichen mit dem 1. Januar 1917 war die Zahl der Arbeiter in der Stadt auf weniger als die Hälfte (von 351 000 auf 149 000) geschrumpft.

Seit dem Frühjahr 1918 versuchte die Führung, dieser Entwicklung entgegenzuwirken. So erklärte Ende März das bolschewistische Zentralkomitee die Phase der Machteroberung für beendet, und Lenin ergänzte, es sei bereits „mehr nationalisiert, konfisziert, zerschlagen und zerbrochen" worden, als man verkraften könne. Die Offensive gegen das Kapital müsse zum Stehen kommen. Anders als noch wenige Wochen zuvor behauptete er nun, es sei unmöglich, „ohne die Anleitung durch Spezialisten der verschiedenen Zweige des Wissens, der Technik und der Praxis" zum Sozialismus überzuge-

Weil die Versorgung der Bevölkerung während des Bürgerkriegs immer schwieriger wurde, griff die Regierung zu Zwangsmitteln. Das Foto zeigt Soldaten der Roten Armee, die zur Requirierung von Brotgetreide abgestellt wurden.

hen. „Schonungsloser Kampf gegen Chaos und Desorganisation", „strengste Rechnungsführung", „Selbstdisziplin und Planung" seien „die nächsten Aufgaben der Sowjetmacht". In den Fabriken solle die Arbeitsproduktivität durch Stücklohn, Prämiensystem und Wettbewerb gesteigert werden, und in der Fabrikleitung das Ein-Mann-Prinzip das „Kollegialprinzip" (die Herrschaft der Fabrikkomitees) ersetzen.

Selbst wenn dieser Kurswechsel von einem Tag auf den anderen nicht durchzusetzen war, die Attacke auf das Kapital ebenso weiterging wie die innerparteiliche Debatte darüber und man im Sommer die systematische Enteignung ganzer Industriezweige beschloss – in der zweiten Jahreshälfte zeigte sich die Wende immer deutlicher: Die Zentralisten setzten sich durch.

Zur Wende gehörte der Ausbau der zentralstaatlichen Wirtschaftsadministration. Ihr Bestreben war, alle nationalisierten Betriebe nach Produktionszweigen zusammenzufassen und unmittelbar Zentral- und Hauptverwaltungen (die russische Abkürzung war dafür *glawki i zentry*) im Obersten Volkswirtschaftsrat zu unterstellen, der im Dezember 1917 gegründet worden war. Diese Verwaltungen vermehrten sich im Wildwuchs seit dem Sommer 1918. Ende September 1918 wurden bereits 18 Produktionszweige unterschieden und in ebenso viele Haupt- und Zentralverwaltungen erfasst. Ein Jahr später war die Zahl dieser *glawki* und *zentry* auf 48 gestiegen und die Zahl der erfassten Betriebe von etwa 1000 auf fast 3000 angewachsen. Eine sprunghaft wachsende Wirtschaftsbürokratie sollte künftig die Produktionsprozesse steuern, das heißt die Rolle des „Marktes" übernehmen.

Zwangsablieferung der Überschüsse: auf dem Weg in eine Versorgungsdiktatur

Nach ähnlichem Muster verlief die Entwicklung in der Landwirtschaft. Am Anfang stand auch in diesem Bereich ein libertäres Versprechen: Artikel 1 des Landdekrets vom 26. Oktober hob das Eigentum an Grund und Boden entschädigungslos und mit sofortiger Wirkung auf. Das gesamte Land – ob im Besitz von Adel und Krone, Kirchen und Klöstern, Gemeinde oder Individualbauern – wurde „nationalisiert". Alle größeren Güter wurden samt lebendem und totem Inventar, Wirtschaftsgebäuden und allem Zubehör „konfisziert". Alle nationalisierten Ländereien (also auch das Land der Gemeinden und Einzelbauern) gingen laut Gesetz in einen imaginären „Landfonds" ein. Grund und Boden durfte ab sofort weder verkauft noch gekauft, weder in Pacht gegeben noch sonst irgendwie veräußert werden.

Nach den Bestimmungen des Oktober-Dekrets stand das Nutzungsrecht am Boden allen Sowjetbürgern zu, die das Land mit ihrer Hände Arbeit bebauten. Landarbeiter durfte nur mehr der Staat beschäftigen, in begründeten Sonderfällen (bei Krankheit oder Invalidität des Hofbesitzers) waren Ausnahmeregelungen möglich. Die Art der Bodenbestellung stellte das Landdekret allen Bauern frei. Sie konnten das Land wie vor der Revolution (als Einzelwirtschaft oder im dörflichen Gemeindeverband) bestellen oder zu neuer sozialistischer Produktionsweise übergehen. Auch der Brauch der regelmäßigen Umverteilung des Bodens, wie er im russischen Dorf vor der Revolution üblich gewesen war, wurde durch die sowjetische Agrargesetzgebung bestätigt. In periodischem Abstand sollten die jedem Hof zustehenden Bodenanteile neu berechnet und die Besitzverhältnisse der Bevölkerungsentwicklung angepasst werden.

Erhebungen zeigen, dass die Inbesitznahme des Gutsbesitzerlandes durch die Bauern (sofern sie nicht bereits in den Wochen und Monaten zuvor erfolgt war) in den Wintermonaten 1917/18 umgesetzt wurde, bevor die neue Aussaat im Frühjahr begann. 1919 waren 96,8 Prozent der landwirtschaftlich nutzbaren Flächen in bäuerlicher Hand. Die Güter des Adels waren enteignet, und drei Millionen bis dahin Landlose hatten Bodenanteile erhalten. Viele bäuerliche Wirtschaften hatten sich geteilt, um die zulässige Höchstgrenze nicht zu überschreiten, und andere taten das Gleiche, um sich zusätzliche Landanteile zu sichern. So gab es erheblich mehr Bauernhöfe als vor der Revolution, und die krassen Besitzunterschiede waren verschwunden. Es dominierten die Klein- und Kleinstwirtschaften, mehr als zehn Hektar Land hatte nur eine Minderheit.

Die Revolution hatte auch die wohlhabenderen Einzelbauern (auf ihren Einsiedlerhöfen) in den Dorfverband zurückgezwungen, sofern man sie nicht enteignete, und den Dorfverband in seinen Rechten bestätigt. Der Dorfverband, die Landgemeinde (oder wie man sonst die nahezu synonymen Begriffe *obschtschina* und *mir* übersetzen mag) entschied kollektiv wie vor der Revolution über die Zuteilung der Bodenstreifen an die einzelnen Bauernhöfe und beriet in periodischen Abständen über die Neuverteilung. Alle wichtigen Entscheidungen fielen auf allgemeinen Versammlungen der Hofbesitzer.

Notgedrungen hatte die neue Führung die Umverteilung des Bodens und die Wahl der Bewirtschaftungsform den Bauern selbst überlassen. Doch während das Dorf mit sich selbst beschäftigt war, verschärfte sich das Versorgungsproblem, und das Ergebnis der Umverteilung ließ für die Zukunft nichts Gutes ahnen. Die großen Güter, die für den Markt produziert hatten, waren verschwunden, und viele Kleinstwirtschaften waren hinzugekommen, die nur für den Eigenbedarf produzierten. Deshalb versuchte die Führung, den Bauern die Verfügungsgewalt über ihre Produkte zu nehmen, sie zumindest einzuschränken. Mitte Mai 1918 erklärte sie den Getreidehandel zum Staatsmonopol. Die Bauern wurden aufgefordert, nur das Nötigste für den persönlichen Bedarf und die nächste Aussaat zu behalten und alle Vorräte und Überschüsse zu Festpreisen an den Staat zu verkaufen.

Das Volkskommissariat für Versorgung wurde ermächtigt, einen zentral geleiteten Beschaffungsapparat aufzubauen und – wo nötig – mit Gewalt gegen „Getreidespekulanten" vorzugehen. Er sollte von „Komitees der Dorfarmut" unterstützt werden; in sie konnte jeder aufgenommen werden, der nicht zu den „Kulaken" und „Reicheren" zählte und keine Wirtschaft hatte, die „Überschüsse" erzielte. Im Auftrag des Versorgungskommissariats sollten die „Komitees der Dorfarmut" alle für das Dorf produzierten Industriewaren an die ländliche Bevölkerung verteilen und im Gegenzug dafür sorgen, dass alle dörflichen „Überschüsse" an den Staat abgeliefert wurden.

Von allem requirierten Getreide sollte den Komitees ein Anteil kostenlos oder zu besonders günstigen Bedingungen überlassen werden.
Ihr Auftrag war somit ein doppelter: Sie sollten den „Klassenkampf aufs Dorf" tragen und die zuständigen Stellen bei der Schaffung eines staatlichen Versorgungs- und Verteilungssystems unterstützen, das die gesamte Bevölkerung in Konsumgenossenschaften

Die Bemühungen der bolschewistischen Führung, ihre Macht im gesamten ehemaligen Zarenreich durchzusetzen, mündeten im Frühjahr 1918 in den offenen Bürgerkrieg. Auf Plakaten („Wir werden siegen!") warben Regierung und Rote Armee für ihre Sache.

Baron Pjotr Wrangel (1878–1928), der aus einem alten deutsch-baltischen Adelsgeschlecht stammte, kommandierte als General Teile der antibolschewistischen Kräfte im Süden Russlands. Nach anfänglichen Erfolgen zog er sich Ende 1920 mit seinen Truppen auf die Krim zurück und verließ Russland.

erfasste, Bedarfs- und Distributionspläne erstellte und danach verfuhr.

Ende 1918/Anfang 1919 schaffte die Sowjetregierung die „Komitees der Dorfarmut" ab und verschärfte das Verfahren der Getreidebeschaffung: Sie setzte von oben den staatlichen Bedarf an Getreide und Futtermitteln fest und bestimmte ohne Rücksicht auf den bäuerlichen Eigenbedarf, wie viel die einzelnen Gouvernements an „Überschüssen" aufzubringen hatten. Aufgrund dieser Planvorgabe errechneten die Versorgungskomitees das Soll der Kreise, Amtsbezirke, Dörfer und einzelnen Bauernwirtschaften. Ursprünglich nur auf Getreide und Futtermittel bezogen, wurde das System der Zwangsablieferung 1919/20 auf nahezu alle Nahrungsmittel ausgedehnt. Nach dem Wortlaut des Dekrets lieferte die Bauernschaft dem Staat ihre Produkte zu festen Preisen. Faktisch kam dieses Verfahren jedoch einer Beschlagnahme gleich. Die Bauern erhielten für ihre Waren Kreditbillets, für die sie sich immer weniger kaufen konnten, weil die Industrie inzwischen nahezu ausschließlich für den militärischen Bedarf produzierte. Die Versorgung wurde buchstäblich zum Kampf ums Getreide.

Widerstand an zahlreichen Fronten: der offene Bürgerkrieg

Im Lauf des Jahres 1918 hatte sich die Situation im Innern – über das Dargestellte hinaus – dramatisch zugespitzt. Zwar hatte die Sowjetregierung den Krieg beendet und mit den Mittelmächten Frieden geschlossen. Doch im Vertrag von Brest-Litowsk musste sie auf die baltischen Provinzen verzichten und die Unabhängigkeit Finnlands und der Ukraine anerkennen. Sowjetrussland verlor damit ein Viertel seiner Bevölkerung und des bebaubaren Landes sowie drei Viertel seiner Eisenindustrie und Kohlenbergwerke. Im unmittelbaren Anschluss daran landeten britische Interventionstruppen in Murmansk. Diese und weitere Interventionen (darunter die Landung von einigen tausend britischen, französischen und US-amerikanischen Soldaten in Archangelsk) hatten aber keine größeren Auswirkungen auf den Verlauf des Konflikts.

Im Süden hatten sich bereits seit Jahresanfang „weiße" Freiwilligenverbände unter der Führung ehemaliger zarischer Generäle versammelt. Sie verbanden sich nun mit den Donkosaken gegen das „rote" Moskau. Im Osten missglückte (Ende Mai 1918) ein bolschewistischer Versuch, die aus Kriegsgefangenen (der k. u. k. Monarchie) und Überläufern gebildete „Tschechoslowakische Legion" zu entwaffnen; sie widersetzte sich und brachte das Land entlang der Transsibirischen Eisenbahn in ihre Gewalt.

Beschwingt vom raschen Vormarsch, wurde in Samara (Anfang Juni) eine sozialrevolutionäre Gegenregierung ausgerufen, die sich „Komitee von Mitgliedern der verfassunggebenden Versammlung", Komutsch, nannte. Inzwischen hatten auch Deutschland, Frankreich und die USA direkt oder indirekt in die Kämpfe eingegriffen. Und während der Ring um das bolschewistisch beherrschte Zentrum immer enger wurde, brach dort – in Moskau und fast zwei Dutzend weiterer Städte – ein sozialrevolutionärer Aufstand los. Im Sommer 1918 herrschte an allen Fronten der offene Bürgerkrieg.

Der Vielvölkerstaat schien auseinanderzubrechen. Polen, Finnland, Estland, Lettland, Litauen, Weißrussland und die Ukraine hatten bereits ihre Unabhängigkeit erklärt, der Nordkaukasus sowie die transkaukasischen Völker (Georgien, Armenien, Aserbaidschan) folgten. Rumänien hatte im Winter 1917/18 das angrenzende Bessarabien annektiert und weigerte sich, es wieder herauszugeben. In Mittelasien machten sich die Khanate von Chiwa und Buchara selbständig. Sibirien war ohnehin in den Händen der „Weißen", und im Anschluss daran konstituierte sich im Transbaikalgebiet und in der Küstenregion die unabhängige „Fernöstliche Republik".

In mehreren Wellen, von Osten, Süden und Nordwesten kommend, drangen die weißen Truppen (unter ihren Generälen Anton Denikin und Pjotr Krasnow, Nikolai Judenitsch, Alexander Koltschak und Pjotr Wrangel) auf das bolschewistisch beherrschte Zentrum vor. In der „Weißen Armee" fanden monarchistische Kräfte mit gemäßigten Sozialisten und Republikanern zusammen. Sie alle einte ihr Antibolschewismus. Doch immer wieder gelang es der neuformierten Roten Armee, die Umklammerung zu sprengen und die Weißen in die Defensive zu drängen. Eine Grundschwäche der oppositionellen Kräfte war, dass sie politisch keine Einheit bildeten. Das Spektrum reichte von der extremen Rechten bis zu den Sozialrevolutionären; entsprechend weit gingen die Ansichten über den künftigen Neuaufbau auseinander.

Bis in den Spätherbst 1918 schienen die Sozialrevolutionäre im oppositionellen Lager die politisch führende Kraft und mit ihrem gemäßigt sozialistischen, nationalpatriotischen Programm die eigent-

General Anton Denikin (1872–1947) befehligte die am Don aufgestellte Freiwilligenarmee der „Weißen" gegen die Bolschewiki (Foto: Einzug von Denikins Armee nach Charkow). Er war der Vorgesetzte General Wrangels, dem er nach Niederlagen gegen die Rote Armee das Kommando übergab.

Unterernährte russische Kinder im Jahr 1922: Die Zivilbevölkerung litt in den Jahren rund um den Bürgerkrieg massiv unter dem akuten Versorgungsmangel.

liche Alternative zu den Bolschewiki zu sein. Sie hatten bei den Wahlen zur Konstituante, wie schon erwähnt, einen glänzenden Sieg (mehr als die Hälfte der Mandate) errungen. Darauf pochend, waren sie auch die Träger der Gegenregierung in Samara. Auf der Staatskonferenz in Ufa hatten sie sich (Ende September 1918) mit den „Kadetten" und den nationalkonservativen Kräften auf ein gemeinsames Direktorium geeinigt. Doch der Militärputsch des Admirals Koltschak nahm diesem Direktorium (Mitte November 1918) die Macht und ließ die Weißen ohne überzeugendes Gegenkonzept. Nie vermochten sie künftig den Bauern und Arbeitern die Furcht zu nehmen, dass nach Vertreibung der Bolschewiki die alten Zustände zurückkehren könnten. Und nach und nach verloren sie auch die Unterstützung der Westalliierten.

Die wechselvollen Kämpfe dauerten über zwei Jahre. Sie wurden von beiden Seiten mit großer Härte geführt. Dass der rote Terror dem weißen in nichts nachstand und die Gewalt nicht nur von unten, sondern von ganz oben ausging, lässt sich an Äußerungen führender Bolschewiki überzeugend belegen. Veröffentlichungen, dass es nicht zuletzt Lenin selbst war, der zu „Massenterror" und zum „Endkampf gegen die Kulaken", zu Geiselnahme und Massenhinrichtungen aufrief und in seinem sehr diffusen Feindbild auch „Hundertschaften von Prostituierten, die den Soldaten zu trinken geben", „Exoffiziere", „Priester, die Weißen Garden und andere zweifelhafte Elemente" erschossen oder in ein „Konzentrationslager" gebracht wissen wollte, sorgte im spät- und postsowjetischen Russland für besonderes Aufsehen.

In der letzten Phase des Bürgerkriegs griff noch Polen ein und benutzte die Schwäche Sowjetrusslands, um großflächige Grenzrevisionen zu erzwingen. Als der polnisch-sowjetische Konflikt im Herbst 1920 beigelegt wurde, brach auch der weiße Widerstand endgültig zusammen. Die Reste der weißen Verbände zogen sich auf die Krim zurück und wurden von dort – Ende des Jahres – evakuiert.

Die kriegskommunistische Utopie und ihr Scheitern

Auf die um sich greifende Krise hatte die Führung mit einer extremen Zentralisierung aller Entscheidungsprozesse geantwortet. Schon seit dem Frühjahr 1918 war die Rote Armee zur regulären Armee ausgebaut worden: Die Wahl der Kommandeure durch die Mannschaften wurde abgeschafft. Stattdessen wurde eine zentrale Militärverwaltung aufgebaut, an deren Spitze ein „Oberster Militärrat" trat; er wurde im September als höchstes Militärorgan durch den „Revolutionären Militärrat der Republik" ersetzt, der zugleich außerordentliche Befugnisse erhielt. Neben dem Rat der Volkskommissare wurde als neue Schaltstelle der Macht Ende November 1918 unter dem Vorsitz Lenins ein „Rat für Arbeiter- und Bauernverteidigung" gegründet. Er vereinte die Repräsentanten der wichtigsten Kommissariate und Kommissionen und koordinierte ihre Bemühungen um die

Versorgung der Armee, die Steigerung der Rüstung, die Verbesserung des Transport- und Verkehrswesens und die Lösung der Energieprobleme.

Entscheidungen dieses nur sechs Personen umfassenden Gremiums waren unmittelbar geltendes Recht und banden alle Institutionen und Entscheidungsträger ohne Ausnahme. Schon seit dem Sommer 1918 waren Verkehrs- und Transportsystem Sonderverwaltungen unterstellt, hatte die Regierung, wie gezeigt, begonnen, Schritt für Schritt alle Bereiche der Wirtschaft zentraler Planung und Verwaltung zu unterstellen. Sie entzog den Bauern die Verfügungsgewalt über das Getreide und setzte die systematische Nationalisierung der Industriebetriebe fort. Der Staat übernahm die Verteilung aller wichtigen Produkte, verkündete die allgemeine Arbeitspflicht und verbot den privaten Handel.

Die wirtschafts- und sozialpolitischen Maßnahmen der Bürgerkriegszeit waren aus der Not geboren. Dass sie die Probleme bestenfalls lindern, keinesfalls lösen konnten, lag auf der Hand. Die Sondervollmachten für das Verkehrskommissariat stoppten den Verfall des Transportsystems nicht, er ging munter fort. Die Leitung der Großindustrie durch den Obersten Volkswirtschaftsrat konnte die beständige und dramatische Abnahme des Produktionsvolumens nicht verhindern. Folglich gab es auch immer weniger zu verteilen, trotz des Zusammenschlusses der Bevölkerung in Konsumkommunen. Obwohl die Regierung den gesamten Warenverkehr offiziell in staatliche Regie übernahm, blieb die Bevölkerung – auch zur Befriedigung der Elementarbedürfnisse – auf den Schwarzmarkt angewiesen. Da die Inflation rasch wuchs, sah sich die Regierung gezwungen, die Arbeiter statt mit Geld mit Naturalien zu entlohnen; die Realeinkünfte sanken dennoch.

Allen Mängeln zum Trotz: In der Partei wuchs die Zuversicht, bereits auf dem richtigen Weg zu sein. Die Parteiführung wertete die „Ausschaltung des Marktes“ grundsätzlich positiv, die zentrale Leitung der Produktion und die staatlich gelenkte Verteilung ebenso. Die „Militarisierung der Arbeit“ ermögliche den zweckmäßigen Einsatz aller Mittel. Die galoppierende Inflation wurde als

Beide Seiten führten den Bürgerkrieg mit großer Brutalität. Dazu zählten auch Massenhinrichtungen. Das Foto zeigt Soldaten weißer Verbände, die von der Roten Armee getötet wurden.

Untergang kapitalistischer Strukturen gefeiert, und Überlegungen, wie Geld durch eine andere, sozialistische Werteinheit ersetzt werden könnte, schlossen sich an. Am Ende des Bürgerkriegs war die Hoffnung aus der Sicht der Bolschewiki zur Gewissheit geworden: Russland habe mehrere Entwicklungsschritte übersprungen und sei dabei, unmittelbar zu einer kommunistischen Wirtschafts- und Gesellschaftsordnung überzugehen.

Konsequent wurde die Bürgerkriegspolitik im Winter 1920/21 fortgesetzt. Nun wurden auch die Klein- und Kleinstbetriebe verstaatlicht, die Mieten abgeschafft, die Gebühren für staatliche Dienstleistungen (Post und Telefon, Gas, Wasser und Strom) nicht mehr erhoben. Auch die kostenlose Verteilung von Lebensmitteln und Massengebrauchsartikeln wurde beschlossen und die Streichung der Geldsteuern ins Auge gefasst. Den eigentlichen Sprung nach vorn sollte die Elektrifizierung Russlands bringen, ein Plan war bereits erstellt. Lenin feierte ihn als zweites Parteiprogramm und brachte die Zukunftsvisionen auf die bündige Formel: „Kommunismus – das ist Sowjetmacht plus Elektrifizierung des ganzen Landes." Die Planungen eilten der Gegenwart weit voraus. Während man in Partei- und Staatsführung noch euphorisch von der großen kommunistischen Zukunft sprach, kam es in mehreren Städten zu Streiks und Hungerunruhen der Arbeiter – die Versorgungslage hatte einen katastrophalen Tiefpunkt erreicht. Im Süden, der eigentlichen Kornkammer des Landes, lieferten sich – verschärft nach der schlechten Ernte – Bauern und staatliche Beschaffungsorgane blutige Auseinandersetzungen ums Getreide. Zehntausende liefen dem Partisanenführer Antonow zu, einem ehemaligen Sozialrevolutionär. Höhepunkt dieser Widerstandsbewegung war die Revolte der Matrosen von Kronstadt, jener Inselfestung vor Petrograd, die 1917 und in der Zeit danach als Hort des Bolschewismus gegolten hatte. Die Kronstädter wollten unverzügliche Neuwahlen zu den Sowjets, sie forderten Räte, die wirklich den Willen der Arbeiter und Bauern zum Ausdruck brachten, unverfälscht durch die Bolschewiki.

Die Regierung schlug die Aufstände nieder. Vor allem gegen die „grüne" Bewegung der Bauern am Mittellauf der Wolga ging man, wie jüngere, auf neuen Archivmaterialien fußende Untersuchungen gezeigt haben, mit schier unglaublicher Brutalität vor: mit dem Einsatz von 100 000 Mann, Flugzeugen, schwerer Artillerie und Giftgas, mit Hinrichtungen, Geiselnahme und der Deportation ganzer Dörfer. Die Reste des bäuerlichen Widerstands brach die nachfolgende große Hungersnot, der Millionen zum Opfer fielen, bevor noch nationale und internationale Hilfe angelaufen war, und die von der Staatsführung zynisch zum Schlag gegen das Kirchenvermögen genutzt wurde.

Doch mit Repression allein schien das Problem nicht zu lösen zu sein. Das hatte auch die Regierung erkannt. Noch im Frühjahr 1921, auf dem X. Parteitag, leitete sie die Wende ein: mit der Verkündung eines neuen Kurses, einer „Neuen Ökonomischen Politik".

War der Bürgerkrieg eine bloße Verteidigung der „Errungenschaften des Oktober", eine Bewährungsprobe? Er veränderte Räterussland nachhaltig. Folgt man einer Aufstellung, wie sie Mitte der 1990er Jahre in einer russischen historischen Fachzeitschrift nachzulesen war, so verlor Sowjetrussland zwischen 1917 und 1922 etwa 13 Millionen Menschen seiner Bevölkerung: 2,5 Millionen davon starben in den bewaffneten Verbänden, zwei Millionen an Epidemien, eine Million als Opfer von Terror und „Banditismus", 300 000 in antijüdischen Pogromen, 1,5 bis zwei Millionen emigrierten, die Übrigen starben in der großen Hungersnot, die 1922 folgte. Nicht nur wegen dieses schwer zu verkraftenden Aderlasses – für Sowjetrussland, seine staatliche, wirtschaftliche und gesellschaftliche Ordnung, seine politische Kultur, für die Formen und Strukturen der Entscheidungsfindung und den Umgang mit oppositionellen Meinungen waren es prägende Jahre.

Prof. Dr. Helmut Altrichter

Die russische Revolution und das Ende des alten Europa

Die neue Diktatur

Jörg Baberowski

Klarer als alle anderen politischen Akteure in Russland erkannten die Bolschewiki 1917, dass es darum ging, die Macht zu ergreifen, wenn man sie haben wollte. Und sie taten dies mit großer Entschlossenheit. Die von ihnen errichtete Diktatur veränderte ganz Europa.

Truppenparade anlässlich des fünften Jahrestags der Oktoberrevolution auf dem Roten Platz in Moskau. Auf dem Podium an der Kremlmauer war die Führungsspitze der bolschewistischen Partei versammelt.

„Am 23. [Februar] brachen Unruhen aus", erinnerte sich später der liberale Duma-Abgeordnete Pjotr Gerassimow. „Aufgrund des Verhaltens der Truppen (Kosaken und Dragoner) war es vom ersten Tag an klar, dass sich die Stimmung von allen vorangegangenen Ereignissen dieser Art unterschied und dass das Geschehen einen ganz anderen Charakter hatte. Zwei Episoden können als Illustration des Verhaltens der Truppen dienen. An der Kreuzung Fontanka/Newski-Prospekt versuchten Dragoner, die Menge auseinanderzutreiben. Ein Offizier gab den bedrohlichen Befehl: ‚Schlagt sie auseinander!'. Die lächelnden Soldaten aber nutzten die Köpfe der Pferde nicht dazu, die Arbeiter auf den Straßen wegzuschieben, sondern die Menge, die auf den Bürgersteigen herumlief. In diesem Augenblick kam es zu einem Wortwechsel zwischen dem Offizier und einer Dame. Der Offizier brüllte in die Menge: ‚Weitergehen!'. Die Dame schrie zurück: ‚Für Sie ist es einfach, ‚Weitergehen' zu rufen – ‚Sie sitzen auf einem Pferd!', und Gelächter ertönte um sie herum. In diesem Fall erzeugte die Ankunft der Soldaten überhaupt keine Panik. Der Duma-Abgeordnete Stepanow und ich waren auf dem Newski-Prospekt. Als wir den Snamenski-Platz erreichten, hörten wir aus der Menge, dass es einen Zusammenstoß zwischen Kosaken und der Revierpolizei gegeben hatte. Die Kosaken hatten Gewalt angewendet, um die Polizisten zu vertreiben. Alles das wäre in ähnlichen Situationen zuvor undenkbar gewesen." Am 28. Februar brach die alte Ordnung schließlich zusammen. Soldaten plünderten, die Gewalt auf den Straßen verselbständigte sich. „Es gab Unruhen in den Kasernen", so Gerassimow weiter. „Die Offiziere waren sehr nervös, und ihre Nervosität spielte eine große Rolle bei den Unruhen und den folgenden Ereignissen."

Russland war ein Land der Kontraste, ein Vielvölkerreich, das von einer kleinen europäischen Elite beherrscht und von Bauern bewohnt wurde. Nirgendwo in Europa war die soziale Kluft, die Untertanen und Adel voneinander trennte, größer als in Russland.

Der Jurist und Politiker Wladimir D. Nabokow (1870–1922; Foto: rechts), Vater des Schriftstellers Wladimir W. Nabokow, hatte sich auf Seiten der Konstitutionellen Demokraten bereits während der Revolution von 1905 engagiert. Wie viele andere überraschte es ihn, dass es 1917 zu einem Umsturz kam.

Um die Jahrhundertwende wurde das Zarenreich von Bauernunruhen, Streiks, ethnischen Konflikten und Pogromen erschüttert, die im Jahr der ersten russischen Revolution außer Kontrolle gerieten. Und dennoch hätte die Autokratie eigentlich überleben können, weil sie den Liberalen Verfassung und Parlament gewährte, weil sie die sozialen Konflikte entschärfte und die nationalen Leidenschaften unter Kontrolle brachte. Die Autokratie war die einzige Legitimationsinstanz, die das Imperium zusammenhielt. Jede andere Legitimation hätte es aufs Spiel gesetzt.

Nicht einmal der Erste Weltkrieg, der Russland in eine Existenzkrise stürzte, hätte das Ende der Zarenherrschaft bedeuten müssen. Zwar waren Hunderttausende Soldaten gefallen oder in Gefangenschaft geraten, Millionen von Menschen waren aus ihrer Heimat vertrieben und die Grenzregionen verwüstet worden. In den Städten kam es im Jahr 1916 zu einer Versorgungskrise, über die das Regime die Kontrolle verlor. Aber nichts sprach im Februar 1917 dafür, dass sich die Revolte unzufriedener Arbeiter in eine Revolution verwandeln würde. Es hatte schon so viele Rebellionen in Russland gegeben, die zu nichts geführt hatten. Warum sollte es dieses Mal anders sein? Selbst Leo Trotzki, der den Anspruch erhob, mit der Geschichte im Bund zu stehen, räumte später ein, dass die Revolution ein Geschehen mit offenem Ausgang gewesen sei. Alles hätte auch anders kommen können, wenn der Zar entschlossen gehandelt hätte und die Revolutionäre Skrupel gezeigt hätten. Es gibt keinen zwangsläufigen Weg von der Unzufriedenheit zur Revolution. Es kommt immer darauf an, welche Möglichkeiten sich in Situationen eröffnen und wozu diese Möglichkeiten genutzt werden.

Von der Brotrevolte zur Revolution: Das konnte sich kaum jemand vorstellen

Der erste Akt der Revolution begann im Februar 1917 in Petrograd als Protest von Frauen, die gegen die Erhöhung der Brotpreise und den Versorgungsnotstand demonstrierten. Es dauerte nur wenige Stunden, bis sich die Unruhen über die ganze Stadt ausbreiteten und alle Schichten der Bevölkerung erfassten. Zuerst liefen die Soldaten der Garnison zu den Aufständischen über und entwaffneten die Polizisten, die auf den Straßen für Ordnung sorgen sollten, dann meuterten auch die Kosaken, die der Zar entsandt hatte, um die Rebellion niederzuschlagen. Kaum jemand, der Zeuge dieser Unruhen geworden war, hatte auch nur eine Ahnung davon, welche Wendungen in den kommenden Wochen und Monaten noch bevorstanden. Der liberale Jurist Wladimir Nabokow erinnerte sich, niemand habe es in jenen Tagen für möglich gehalten, dass sich die anfängliche Brotrevolte in eine Revolution verwandeln würde. Auch Lenin – er befand sich noch in der Schweiz, als die Unruhen in der Hauptstadt Russlands ausbrachen – war überrascht, als er hörte, dass Arbeiter und Soldaten sich gegen das alte Regime erhoben hätten, und er wusste zunächst ebenso wenig wie all die anderen Menschen, die von der Revolution überrascht worden waren, was nun geschehen sollte.

In den Märztagen des Jahres 1917 hatten die liberalen Abgeordneten der Duma eine „Provisorische Regierung" gebildet und den Zaren zur Abdankung gezwungen. Seine Minister wurden entlassen und durch Abgeordnete der Duma ersetzt: Fürst Georgi Lwow als Ministerpräsident, Pawel Miljukow und Alexander Gutschkow als Außen- und Kriegsminister. Als Vertreter der Sozialisten trat Alexander Kerenski der Regierung als Justizminister bei. Sie wollten Russland regieren, bis eine verfassunggebende Versammlung über seine Zukunft abschließend entschieden hatte. Nicht Machthaber, sondern Treuhänder wollten sie sein, weil sie glaubten, es fehle ihnen die Legitimation.

Zur selben Zeit riefen revolutionäre Intellektuelle einen Arbeiter-und-Soldaten-Rat ins Leben, der dem Volk Gehör geben und die Regierung der Bürger kontrollieren sollte. Niemals zuvor hatte es etwas Ähnliches gegeben: eine „permanente Großkundgebung" von rund 2000 Arbeitern und Soldaten, die Generälen und alten Männern in Anzügen ihren Willen aufzuzwingen versuchte. Zwar hatten sich die Revolutionäre im Exekutivkomitee des Arbeiter-und-Soldaten-Rats selbst dazu ermächtigt, Befehle zu erteilen. Und doch waren auch sie nur Getriebene im großen Strom des revolutionären Geschehens, über das niemand Kontrolle ausübte. Wer hätte die wütende Masse zähmen und unter Kontrolle bringen sollen? Diese Frage stellten sich im Frühjahr 1917 nicht nur die Liberalen, sondern auch die Revolutionäre, die wenig mit dem Volk verband und die nicht wussten, auf welche Legitimation sich ihre Macht eigentlich gründen sollte.

Die Doppelherrschaft war nicht nur ein Ausdruck der sozialen Zerrissenheit, sondern auch ein Spiegel der Möglichkeiten. Zwar geboten nur die Mitglieder der Provisorischen Regierung über das Wissen und die Erfahrungen, um das Alltagsgeschäft der Politik zu betreiben, aber die Räte hatten die Verfügungsgewalt über die Waffen. Auf sie kam es am Ende an. Und obgleich die liberalen Politiker wenig Macht besaßen, setzten sie alle Möglichkeiten aufs Spiel, sie für sich zu erobern. Im März entließ die Provisorische Regierung die Gouverneure des Zaren und alle Landhauptleute in den Provinzen und löste die Polizei auf. An ihre Stelle traten Kommissare ohne Macht sowie bewaffnete Zivilisten und Soldaten, die keinem Staat mehr verpflichtet waren. So aber versetzten sie der alten Ordnung den Todesstoß, ohne sie durch eine neue ersetzen zu können. In den Provinzen entschieden die Soldaten in den Garnisonen, nicht die Kommissare, was zu tun und was zu unterlassen war. Macht hatte jetzt nur noch, wer die Bewaffneten, die die Straßen bevölkerten, auf ein Ziel lenken konnte. Die Macht liege auf der Straße, hatte Lenin gesagt, und es komme nur darauf an, sie zu ergreifen.

In den Dörfern blieb es im Frühjahr 1917 noch ruhig. Denn

Für die russische Landbevölkerung stellte sich die staatliche Requisition von Nahrungsmitteln (Abbildung: Soldaten 1922 beim Abtransport von Mehlsäcken) zunehmend als Form der Willkür dar.

In der Ukraine führten nationalistische Bestrebungen noch während des Ersten Weltkriegs zur Gründung zweier kurzlebiger Teilrepubliken. Das Gemälde von 1937 zeigt einen militärischen Aufmarsch 1918 in Kiew, mit dem die Trennung von Russland besiegelt wurde. Bis 1921 eroberte die Rote Armee die Gebiete zurück.

das Land war noch nicht verteilt, die Zukunft ungewiss. So haben es viele Herren von einst beschrieben, die sich in den Dörfern vor Gewalt und Willkür in Sicherheit wähnten. Erst als die alten Eliten auch dort abtraten, Deserteure und demobilisierte Soldaten Bauern gegen die Gutsbesitzer aufhetzten und das Land verteilten, schlug dem Frieden auch dort die letzte Stunde. Manche Adlige konnten, nachdem sie sich dem Willen der Bauern unterworfen und auf ihr Hab und Gut verzichtet hatten, im Dorf weiterleben, andere fielen der Gewalt zum Opfer, die von fanatisierten Deserteuren angefacht wurde. Als die Front nach der missglückten Kerenski-Offensive im Sommer 1917 endgültig zusammenbrach, wurde nicht nur das Ende der imperialen Armee besiegelt. Hunderttausende Soldaten desertierten und kehrten in ihre Dörfer zurück – verbitterte, gewaltbereite und wütende junge Männer, die für den Kompromiss nicht mehr zu gebrauchen waren. Im Sommer 1917 schon versank das Imperium in Chaos und Anarchie. Und es waren die Bolschewiki, die diese Situation für ihre Zwecke zu nutzen verstanden.

An der Peripherie begann die Zersetzung der alten Ordnung erst, als die Provisorische Regierung die Kontrolle über das Geschehen verloren hatte und die Armee als Ordnungsfaktor nicht mehr zur Verfügung stand. Polen befand sich schon seit 1915 nicht mehr im Herrschaftsbereich Russlands, und es gab nicht die geringste Hoffnung, dass Warschau in den Schoß des Imperiums zurückkehren würde. Selbst in der Ukraine gab es politische Parteien, die sich vom Zarenreich abwandten und einer nationalen Strategie das Wort redeten. In der Rada, dem ukrainischen Parlament in Kiew, gaben sie im Frühjahr 1917 jedenfalls noch den Ton an. Finnland und die baltischen Provinzen erklärten sich für unabhängig. Und auch im Kaukasus entstanden Republiken, die sich als Nationalstaaten entwarfen, aber nur eine geringe Überlebenschance hatten, weil die Bauern sich für sie nicht interessierten. Als die Armee des Zaren zerfiel, verwandelten sich armenische, georgische und muslimische Einheiten in marodierende Banden. Blutige interethnische Konflikte verwüsteten die Region, ohne dass es den Nationalisten gelungen wäre, die Kontrolle über das Geschehen zu bewahren.

Wer aber begriff in diesen Tagen überhaupt, dass mit der Abdankung des Zaren auch die Quellen versiegt waren, die die Herrschaft der Wenigen legitimiert hatten? Das Herrscherhaus und seine Minister hatten sich immerhin auf Herkommen und Tradition berufen können. Was aber stand den Abgeordneten der Duma und den Deputierten der Arbeiter-und-Soldaten-Räte als Begründung zu ihrer Verfügung? Worauf konnten sich die Nationalisten in

Kiew, Baku und Tiflis berufen? Sie konnten auf nichts anderes als auf den Willen der Straße verweisen. Diesen aber konnte jeder mit gutem Grund auch für illegitim halten. Im Machtvakuum, das die Revolte hinterlassen hatte, konnte jetzt nur noch gewinnen, wer die Hoheit über die Gewehrläufe besaß.

Der Zusammenbruch der staatlichen Ordnung verschob die Machtchancen, weil Offiziere und Adlige die Kommandogewalt über Soldaten und Bauern verloren. Er eröffnete vielen Menschen neue Möglichkeiten. Juden wurden Minister, Soldaten und Bauern Herren. Für viele Menschen aber war er das Ende von allem. Für Generäle und Gutsbesitzer, die Prestige, Gehalt, Haus und Hof verloren, Schwache, die sich von Bewaffneten terrorisieren lassen mussten, Minderheiten, die der Willkür der Mehrheit hilflos ausgeliefert waren. Im März 1917 wurden allein in der Festung Kronstadt außerhalb von Petrograd 200 Offiziere von ihren Matrosen getötet. Was immer das Ende der Autokratie auch bedeutet haben mag: Die Revolution ließ die Machtfrage offen, weil es keine Instanz gab, die sie hätte entscheiden können. Und deshalb konnte im Spiel um die Macht nur gewinnen, wer mit der Situation der Unsicherheit und Gewalt umzugehen verstand.

Jedermann konnte spüren und sehen, dass es in Russland keine funktionierende Gesellschaft gab, dass die Wünsche der liberalen Eliten den Bauern einerlei waren, dass an der Peripherie andere Konflikte ausgetragen wurden als im Zentrum des Imperiums, dass bewaffnete Soldaten ohne Führung sich in marodierende Haufen verwandelten und dass der Zerfall des Staats die Geburtsstunde des Bürgerkriegs war, in dem Gewehre, nicht Argumente das letzte Wort behielten. Auf den Straßen in Petrograd wurden Diebe gelyncht, Bürger verprügelt oder getötet, deren Aussehen sie als Mitglieder der Oberschicht auswies, Geschäfte ausgeraubt.

Lenins Devise: Erst klare Verhältnisse schaffen, die Frage der Legitimation kommt später

Ohne Anführer, die der Gewalt Ziele setzen und eine Form geben, versandet der Protest. Rebellen, die ein Regierungsgebäude besetzen und Beamte töten, gewönnen nichts, wenn niemand imstande wäre, die Funktionen der Getöteten zu übernehmen. Blinde Wut

In der Marinebasis Kronstadt erhoben sich im Februar/März 1921 die Matrosen gegen die Diktatur der Kommunisten und forderten eine Demokratisierung Russlands. Der Aufstand wurde blutig niedergeschlagen (Foto: Zerstörungen durch Straßenkämpfe).

Die Lyrikerin Sinaida Hippius (1869–1945) hatte sich von der Februarrevolution eine demokratische Neuordnung des Landes erhofft. Den Putsch der Bolschewiki lehnte sie ab. Mit ihrem Ehemann, dem Schriftsteller Dmitri Mereschkowski (1865–1941), ging sie 1919 ins Exil.

ist diffus, die Gewalt der Revolution beruht dagegen auf Strategie und Organisation. Als unzufriedene Matrosen und Arbeiter im Sommer 1917 Petrograd in einen Belagerungszustand versetzten, versandete der Protest schon nach wenigen Stunden, weil die bolschewistischen Aufwiegler der wütenden Menge kein Ziel setzten. Ohne Ziel und Steuerung aber wurde aus der amorphen Masse keine bewegende Kraft. Sie löste sich nach wenigen Stunden auf, weil die Matrosen nicht wussten, was sie tun sollten. Kein Revolutionär wagte es, sich an die Spitze der Revolte zu setzen und zum Sturz der diskreditierten Provisorischen Regierung aufzurufen. Und auch die Menschewiki und Sozialrevolutionäre zögerten, als sie die Gelegenheit erhielten, die Provisorische Regierung zu verlassen und die Macht an die Räte zu übertragen.

Lenin hatte sogleich erkannt, dass sich solche Fehler nicht wiederholen durften: Wo Gesetze und Verordnungen nicht mehr durchgesetzt werden könnten, werde sich nur noch derjenige Geltung verschaffen, der die Gewalt sprechen lasse. Mit anderen Worten: Man schafft klare Verhältnisse und macht sich über die Legitimation Gedanken, wenn erreicht ist, was man sich vorgenommen hat. Tatsächlich hatte niemand jemals zuvor eine sozialistische Ordnung errichtet, und niemand wusste daher, worin sie bestehen sollte. Nicht Ideologien und Überzeugungen sind der Anfang aller Macht, sondern Organisation und Gewalt. Die Schwachen, die Zauderer und Unentschlossenen sind für den Augenblick der Entscheidung nicht zu gebrauchen.

So geschah es auch, als im Oktober der Entschluss fiel, die Regierung zu stürzen und nach der ganzen Macht zu greifen. Lenin und seine Getreuen waren überrascht, wie leicht es war, die Regierung in wenigen Stunden aus der Welt zu schaffen. Sie fragten sich, warum sich ihnen kaum jemand widersetzte, warum niemand den Versuch unternahm, sie mit Gewalt von den Schalthebeln der Macht wieder zu vertreiben. Und was sollten die Bolschewiki mit der Macht anfangen, die ihnen zugefallen war? Darüber dachte nicht nur Lenins Bildungskommissar Anatoli Lunatscharski (1875–1933) nach, der im Winter 1917 verängstigt in seinem Büro saß und darauf wartete, dass die Gegenrevolution Rache an ihm nahm.

Niemand wollte mit den neuen Herren kooperieren, niemand ihnen gehorchen. Außer ihren Waffen und ihrem Willen zur Macht besaßen sie keine Mittel, um sich Respekt zu verschaffen. Lenin hatte sogleich erkannt, dass sich nur durchsetzen werde, wer aus einer Not eine Tugend werden ließ. Wenn man schon keine Kontrolle ausübte, konnte man potentielle Gegner wenigstens daran hindern, sich gegen die neuen Herren zu verbünden. Furcht und Schrecken, Terror gegen jedermann und zu jeder Zeit – das waren die Ressourcen, aus denen sich die Macht am Leben erhielt. „Die Herren Volkskommissare", klagte der Schriftsteller Maxim Gorki Ende Dezember 1917, „haben im Namen des Proletariats die alten Gerichte abgeschafft und dadurch die ‚Lynchjustiz', das tierische Recht der ‚Straße', zum Gesetz erhoben." Noch zwei Monate nach der Machtergreifung ratterten die Maschinengewehre auf den Straßen Petrograds. An jedem Tag könne man Tote auf der Straße liegen sehen, schrieb die Dichterin Sinaida Hippius am 5. Dezember 1917 in ihr Tagebuch, „überall Raub und Schießereien" – eine Lage, an die man sich schon fast gewöhnt habe. „Die Bolschewiki haben sich auf physische Gewalt festgelegt. Und das dauerhaft."

Aber erst, als die Linken Sozialrevolutionäre im September 1918 ein Attentat auf Lenin verübten, verwandelten die Bolschewiki Gewalt in ein Instrument der Machtausübung. Die Tscheka nahm Geiseln, verhaftete und tötete Angehörige der alten Elite und schuf eine Atmosphäre allgegenwärtiger Angst. Jeder konnte jederzeit Opfer der maßlosen Gewalt werden, die das Regime nun systematisch und gezielt gegen ihre eingebildeten Widersacher einsetzte.

Die Bolschewiki waren ihrer Sache nicht sicher, aber sie machten die Erfahrung, dass Drohungen ihre Wirkung verloren, wenn ihnen keine Taten folgten. Nicht aus Stärke, sondern aus Schwäche terrorisierten die Bolschewiki ihre vermeintlichen Gegner, nicht, weil sie eine Mission zu erfüllen hatten, sondern weil sie keine andere Möglichkeit hatten, Macht durchzusetzen. Russland verging im Strudel der Gewalt. Der Schriftsteller Iwan Bunin (1870–1953) erinnerte sich an die dunklen und bedrückenden Stunden, die er im Frühjahr 1919 in Odessa verlebte: „Gestern am frühen Abend gingen wir spazieren. Unsägliche Schwere auf meiner Seele. Die Menge, die jetzt die Straße bevölkert, ist physisch unerträglich, ich bin am Ende meiner Kräfte, so satt habe ich diese viehische Menge. Wenn man ausruhen könnte, sich irgendwo verstecken, verreisen, zum Beispiel nach Australien! Doch schon längst sind alle Wege, alle Straßen versperrt. Heutzutage ist es bereits ein verrückter Wunschtraum, nach Bolschoi Fontan [bei Odessa] zu fahren: Ohne Genehmigung ist es verboten, und sie können dich töten wie einen Hund."

Die Welt stand Kopf. Gestern noch war Bunin ein Herr gewesen, heute war er nur noch ein Niemand, gefangen im Reich des Absurden. Einem Erdbeben gleich habe die Revolution an die Oberfläche gebracht, was Jahrhunderte im Verborgenen geblieben war, schrieb der liberale Politiker und Historiker Pawel Miljukow über die Ereignisse des Jahres 1917. Millionen von Menschen seien entwurzelt, um Hab und Gut, um Freiheit und Leben gebracht, Millionen seien verhungert, geflüchtet oder aus ihrer Heimat vertrieben worden. Nicht Aufklärung und Vernunft, sondern Hass und Gewalt seien die Väter der russischen Revolution gewesen.

Miljukow selbst hatte erfahren müssen, was es hieß, ein Ausgestoßener zu sein. Vor der Revolution war er noch der unbestrittene Führer der russischen Liberalen gewesen, im März 1917 zum ersten Außenminister der Provisorischen Regierung ernannt worden. Wenige Monate später war auch er ein Niemand, der nichts als das nackte Leben retten konnte und seine Heimat verlassen musste.

Die Revolution hatte ihre Kinder verschlungen, das Volk über Aufklärer und Liberale, über Bürger und Adlige triumphiert. Miljukow gab sich schon ein Jahr nach dem Ausbruch der Revolution keinen Illusionen über die Zukunft mehr hin. Das Volk habe gesprochen, und die Bolschewiki hätten seinem Willen Worten und Taten folgen lassen. Nicht am Wettstreit der Ideen sei der russische Liberalismus zerbrochen, sondern daran, dass es ihm an einer intensiven Bindung an die Mehrheit der Bevölkerung gefehlt habe.

Schon die Zeitgenossen haben darüber nachgedacht, wie es eigentlich geschehen konnte, dass nicht nur die Autokratie in wenigen Tagen verschwand, sondern mit ihr auch die Welt des russischen Adels und des liberalen Bürgertums in den Abgrund gerissen wurde. Es schien keinen Zweifel zu geben: Die Bolschewiki hatten die Macht auch ergreifen können, weil der Wille des Volks, die alte Ordnung zu zerstören, ihnen eine Legitimation zum Handeln gegeben hatte. Auf Recht und Tradition, auf Verfassungen oder Wahlen konnte sich in diesem Kampf um die Macht niemand berufen. Die Bolschewiki aber konnten immerhin auf das revolutionäre Geschehen verweisen, das auf den Straßen zu erleben war. Sie allein brachten es auf Begriffe, und sie allein verstanden sich darauf, es

„Sie können dich töten wie einen Hund." So beschrieb der Schriftsteller Iwan Bunin (1870–1953; Gemälde von Jewgeni Bukowetsky) die von Gewalt bestimmte Lage in Russland nach der Oktoberrevolution.

für ihre Machtzwecke zu nutzen. „Wir können nicht so sein wie sie. Und weil wir es nicht können, ist es aus mit uns", schrieb Bunin über die Skrupellosigkeit der roten Machthaber.

Wer sich auf Gewalt verlässt, muss mit Gegenwehr rechnen. Kein Gegner wird sich die Gelegenheit zum Widerstand entgehen lassen, wenn sie sich ihm eröffnet. Als die Bolschewiki im Januar 1918 die konstituierende Versammlung auflösten, weil sie in ihr keine Mehrheit hatten, und als sie wenig später damit begannen, Offiziere, Adlige und Bürger zu verhaften und zu erschießen, wurden sie zu Geburtshelfern der Konterrevolution. Im Frühjahr 1918 setzten sich Tausende Menschen aus den großen Städten in den Süden des Landes ab, wo die Herrschaft der Bolschewiki noch auf unsicherem Grund stand. Das alte Russland versammelte sich in der Steppe und sagte den roten Usurpatoren den Kampf an.

Unter dem Kommando zarischer Generäle entstand die „Freiwilligenarmee", eine Streitmacht ohne Rekruten, die nur aus Offizieren bestand. Ihre Stärke beruhte nicht auf der Zahl der Waffen und Soldaten, sondern allein auf militärischem Sachverstand. Erst am Ende des Jahres gelang es den Generälen, Kosaken und Bauern für ihre Einheiten zu rekrutieren und Rekruten auch in Sibirien und in den baltischen Republiken auszuheben. Terror vergalten sie mit Gegenterror, und bald schien es nur noch eine Frage der Zeit zu sein, bis die Bolschewiki besiegt und aus Moskau vertrieben sein würden. Zur selben Zeit formierten sich auch in den Randgebieten des Imperiums nationale Verbände, die gegen Rote wie Weiße kämpften – Kosaken und Bauernhaufen, die sich nur für ihre Freiheit, nicht aber für Nationen und Staaten interessierten, „Warlords" (Kriegsherren) und Kriminelle, für die der Krieg eine Ressource materieller Bereicherung war.

Gewalt und Gegengewalt: Der Bürgerkrieg wird zu einer Abfolge verheerender Pogrome

Der russische Bürgerkrieg, der im Sommer 1918 eskalierte, war ein Krieg der totalen Entgrenzung. Alle Regeln, die sich die europäischen Staaten für die

Auf beiden Seiten der Bürgerkriegsparteien wurden immer wieder Pogrome verübt. Auf dem Foto sind die Opfer weißer Verbände zu sehen.

Einhegung des Kriegs bis zu diesem Zeitpunkt gegeben hatten, waren außer Kraft gesetzt, auch deshalb, weil nicht nur zwei, sondern Dutzende Parteien an der apokalyptischen Zerstörungsorgie beteiligt waren: Kommunisten und „weiße" Generäle, Kosaken und auf eigene Rechnung agierende Kriegsherren, Partisanen und bewaffnete Nomadenverbände, ausländische Interventionstruppen und marodierende Bauernhaufen. Sie alle richteten im ehemaligen Zarenreich ein furchtbares Werk der Zerstörung an, weil es keine andere Möglichkeit für die Kriegsparteien gab, als sich aus dem Land und seinen Ressourcen zu versorgen.

Man könnte auch sagen, dass der Bürgerkrieg eine Abfolge verheerender Pogrome war. Furcht und Schrecken wurden zum Richtmaß des Politischen, weil im staatsfernen Raum nur siegen konnte, wer erfolgreich Rekruten aushob, Tribute eintrieb und Menschen an den Ort zwang. Denn die jungen Männer und ihre Dörfer waren die einzige Ressource, aus der die Kriegsparteien schöpfen konnten. Ohne die Androhung und Vollstreckung von Gewalttaten wären die Kombattanten in diesem Krieg Papiertiger geblieben. Sie hätten weder Bauern an den Ort binden noch Nachschub für ihre Truppen mobilisieren können. Denn der Kampf fand nicht an der Front, sondern vor allem im Hinterland statt. Er war ein Kampf um Rekruten, Getreide und Gehorsam, den nur gewinnen konnte, wer die Technik des „Teile und herrsche" und des Terrors beherrschte.

Nicht Marxismus und Theorie, sondern Krieg und Exzess waren die Väter der bolschewistischen Kommandowirtschaft und ihrer autoritären Kultur. Bereits in den Jahren des Bürgerkriegs wurde eingeübt, was Stalin später zum Prinzip seiner Herrschaft erheben würde. Wie schon in den Jahren des Ersten Weltkriegs verwandelte sich die Suche nach Lebensmitteln und Rekruten in ein einziges, mitleidloses Pogrom, das Russlands Dörfer und Städte veröden ließ, den Kommissaren, Kosaken- oder Bauernführern aber gab, was sie brauchten.

Was einmal für selbstverständlich gehalten worden war, wirkte nun seltsam fremd. Die Herren von einst wurden zu Außenseitern, Bauern zu Herren. Nirgendwo waren Menschen noch sicher vor Gewalt und Verderben. Das Gefühl der allgegenwärtigen Unsicherheit und Bedrohung formte ihre Haltung zum Leben, und nur, wer es verstand, sich auf solche Umstände einzustellen, konnte im Kampf überleben oder siegen. Nach Jahren des Bürgerkriegs und der Gewalt war das Band zerrissen, das Vorher und Nachher miteinander verbunden hatte. Die Erfahrung exzessiver Gewalt und Unsicherheit, von Krieg und Chaos aber verband alle Menschen, Opfer wie Täter, Bauern wie Kommunisten und Adlige.

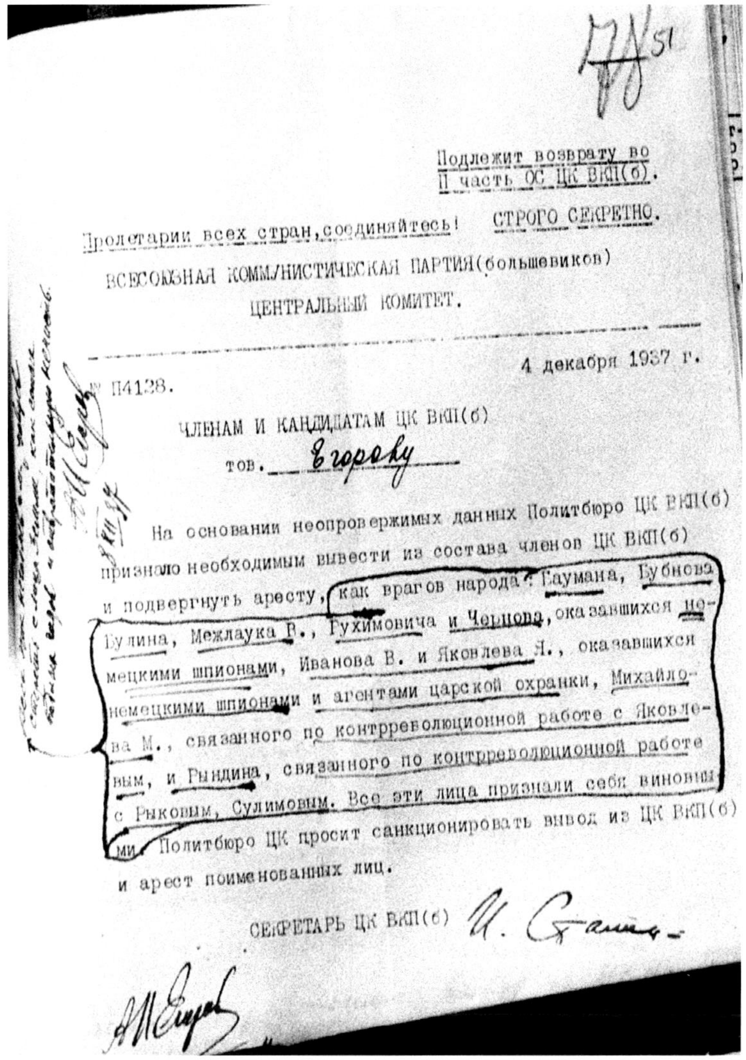

Подлежит возврату во
II часть ОС ЦК ВКП(б).

Пролетарии всех стран, соединяйтесь! СТРОГО СЕКРЕТНО.

ВСЕСОЮЗНАЯ КОММУНИСТИЧЕСКАЯ ПАРТИЯ (большевиков)
ЦЕНТРАЛЬНЫЙ КОМИТЕТ.

№ П4128. 4 декабря 1937 г.

ЧЛЕНАМ И КАНДИДАТАМ ЦК ВКП(б)
тов. Егорову

На основании неопровержимых данных Политбюро ЦК ВКП(б)
признало необходимым вывести из состава членов ЦК ВКП(б)
и подвергнуть аресту, как врагов народа: Баумана, Бубнова
Булина, Межлаука В., Рухимовича и Чернова, оказавшихся не-
мецкими шпионами, Иванова В. и Яковлева Я., оказавшихся
немецкими шпионами и агентами царской охранки, Михайло-
ва М., связанного по контрреволюционной работе с Яковле-
вым, и Рындина, связанного по контрреволюционной работе
с Рыковым, Сулимовым. Все эти лица признали себя виновны-
ми. Политбюро ЦК просит санкционировать вывод из ЦК ВКП(б)
и арест поименованных лиц.

СЕКРЕТАРЬ ЦК ВКП(б)

Zum Herrschaftsinstrumentarium der Bolschewiki gehörte der „Terror" nach innen – weder Freund noch Feind sollte sich sicher fühlen können. Diktator Josef Stalin perfektionierte dieses System in den 1930er Jahren (Abbildung: Anweisung zur Verhaftung angeblicher innerparteilicher Gegner von 1937).

Die Kultur des Misstrauens hatte Auswirkungen nicht nur auf die Bolschewiki, sondern auch auf ihre Gegner und Opfer. Sie hatte dauerhafte Folgen für das Zusammenleben von Menschen sowohl in der Sowjetunion als auch im alten Europa. Sie war der Grund, auf dem die autoritären und totalitären Staaten des 20. Jahrhunderts errichtet wurden. Bunin brachten die grausame Wirklichkeit buchstäblich um den Verstand: „Mein Gott, in welchem Jahrhundert hast Du mir befohlen, geboren zu werden?", schrieb er im April 1919 in sein Tagebuch.

Der kommende starke Mann Stalin mit Parteigenossen, die später sämtlich zu seinen Opfern wurden – nach Schauprozessen wurden sie hingerichtet: (von links) Alexei Rykow (1881–1938), Lew Kamenew (1883–1936) und Grigori Sinowjew (1883–1936).

Wie aber ist das Rätsel aufzulösen, dass sich die Bolschewiki im revolutionären Geschehen wider Erwarten gegen alle Widerstände durchsetzten? Weil die Wenigen organisiert und entschlossen und die Vielen es nicht waren. Und weil die einen keine Skrupel hatten, von ihren Waffen Gebrauch zu machen, und die anderen sich ihnen fügen. Die Mächtigen erzwingen Gehorsam, dafür geben sie ihren Anhängern Ordnungssicherheit. Auf dieser Verabredung beruhen alle Machtbeziehungen. Aber bevor sich diese Machtbeziehungen in Institutionen ablagern und verfestigen, müssen sie sich durchsetzen. Darum geht es in allen Revolutionen und Bürgerkriegen, in denen Staaten zerstört und neu errichtet werden. Die Legitimation der Herrschaft erwächst nicht allein aus dem Glauben an ihre Rechtmäßigkeit, sondern auch aus der Praxis der Machtsicherung, dem alltäglichen Beweis, dass Macht gegen Widerstand durchgesetzt werden kann. Denn wer Sicherheit und Ordnung nicht gewährt, kann auch keinen Gehorsam verlangen. Die Bolschewiki hatten jedenfalls verstanden, dass es nicht auf Programme und Modelle, sondern auf Durchsetzungsfähigkeit und Entschlossenheit ankam. Ihr Sieg war auch ein Lehrstück erfolgreicher Machtdurchsetzung im staatsfernen Raum.

Und dennoch war der Sieg der Bolschewiki auch der Triumph der Ordnung über das Chaos. Die neuen Machthaber stellten das staatliche Gewaltmonopol wieder her und eröffneten Arbeitern und Bauern Aufstiegs- und Karrieremöglichkeiten, die es niemals zuvor gegeben hatte. Adlige, die Haus und Hof verloren, in ihrem Dorf aber ein bescheidenes Unterkommen gefunden hatten, waren wenigstens vor der Gewalt des Kriegs geschützt. Manche empfanden das Ende des Kriegs als einen Segen, der sie vergessen ließ, dass er ihren Peinigern den Sieg gebracht hatte. Wer den Bürgerkrieg überlebt hatte, konnte an nichts anderes mehr denken als an das Ende der Gewalt, ganz gleich, wer es herbeiführte.

Die Bolschewiki verstehen die Diktatur als das eigentliche Instrument der Volksherrschaft

Die Revolution aber besiegelte nicht nur das Ende des alten Russland. Sie war der Beginn einer neuen Ära, in der alles möglich schien, was bislang nur gedacht worden war. Im Ausnahmezustand, im Raum der Gewalt, den die Revolution eröffnet hatte, konnten die Bolschewiki ihre Vision von der neuen Welt mit äußerster Brutalität ins Werk setzen. Adlige konnten getötet, Bauern ausgeraubt und Minderheiten deportiert werden. Die Geiselnahme ersetzte das Recht, das Konzentrationslager das Gefängnis, keine Maßnahme konnte rücksichtslos genug sein, um die alte Welt aus den Fugen zu reißen und der neuen Ordnung zum Erfolg zu verhelfen. Erstmals brachte eine Regierung den organisierten Mord als Möglichkeit überhaupt ins Spiel.

Die Bolschewiki wollten Ordnung nicht bewahren, sondern die Untertanen des Vielvölkerreichs verändern, bewegen und mobilisieren. Sie waren Gegner von Tradition und Stillstand, und sie versuchten, ihre Vorstellungen von der neuen Ordnung mit Repression, Terror und Vernichtungsgewalt durchzusetzen. Ihre Repräsentanten beriefen sich auf außergesetzliche Instanzen, auf Ökonomie und auf die Geschichte, den unsichtbaren Weltenlenker, ohne jedoch die Idee aufzugeben, dass ihre Herrschaft der eigentliche Ausdruck des Volkswillens sei.

Die Diktatur war kein Instrument zur Wiederherstellung einer verlorengegangenen Ordnung. Sie war das eigentliche Instrument der Volksherrschaft, und deshalb war sie sich selbst genug. Der Staatsrechtler Carl Schmitt (1888–1985) sprach von der „souveränen Diktatur", die nichts anderes wolle, als sich selbst zu verewigen, weil ihre Repräsentanten sie für die vollkommenste aller Staatsordnungen hielten. Auch Lenin wusste, dass seine Diktatur sich von allen anderen autoritären Ordnungen, die es bislang gegeben hatte, unterscheiden würde. Die Diktatur, so bekannte er, sei nichts anderes als eine „von jeglichen Gesetzen unbehinderte Autorität, die direkt auf Gewalt beruht".

Die Bolschewiki waren Tatmenschen, die die Wirren der Revolution bedenkenlos zu ihrer Waffe machten. Schon 1915 hatte Lenin verkündet, Russland sei das schwächste Glied in der Kette jener imperialistischen Staaten, die gegeneinander Krieg führten. Sobald die autokratische Festung sturmreif geschossen sei, werde sie wie ein Kartenhaus in sich zusammenfallen. So geschah es dann auch. Denn es war ein leichtes Unterfangen, Russland aus den Angeln zu heben und in einen Zustand der Anarchie zu versetzen. Lenin wusste, was er tat, als er das Werk der Zerstörung beschwor. Je größer das Chaos, desto geringer würden die Chancen seiner Gegner sein, sich gegen ihn und seine Anhänger zu verbünden. Aber er wusste auch, dass es unendlich schwer sein würde, eine neue Ordnung in die Welt zu setzen.

Ohne den Einsatz exzessiver Gewalt hätte überhaupt nicht gelingen können, was die Bolschewiki

Vor dem Hintergrund der Auswüchse des Frühkapitalismus formulierte Karl Marx (1818–1883; Foto) zusammen mit Friedrich Engels (1820–1895) die Lehre vom Klassenkampf zwischen Proletariat und Bourgeoisie und einer Gesellschaft, in der es kein Privateigentum geben sollte.

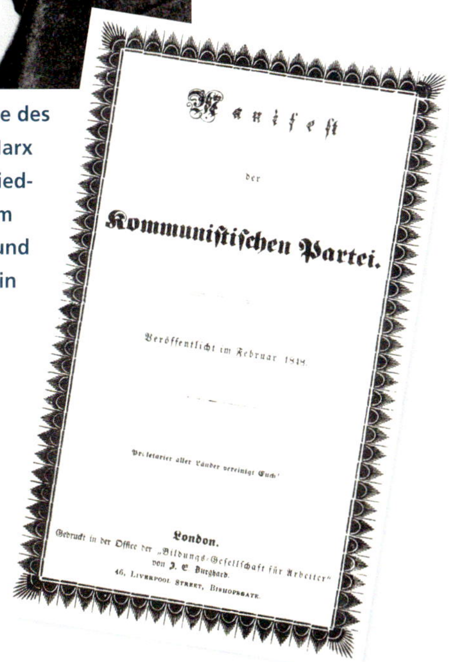

Manifest

der

Kommunistischen Partei.

Veröffentlicht im Februar 1848.

London.

Das 1848 in London veröffentlichte „Kommunistische Manifest" (Titelseite der ersten Ausgabe) fasste die Theorien von Marx und Engels erstmals zusammen.

Seit den 1920er Jahren wurden das sich etablierende kommunistische Regime in Russland und seine aggressive Ideologie europaweit zunehmend als Bedrohung wahrgenommen. Die NSDAP nutzte die Furcht vor dem „Bolschewismus" für ihre Wahlwerbung.

sich vorgenommen hatten: einen neuen Staat aus dem Nichts hervorzubringen und ihm die Untertanen des Imperiums zu unterwerfen. Die bolschewistische Revolution war der Versuch, eine neue Herrschaftsordnung mit exzessiver Gewalt durchzusetzen und gegen jeden Widerstand zu verteidigen. In diesem terroristischen Herrschaftsstil zeigten sich schon alle Facetten des stalinistischen Gewaltkults. Er hinterließ Millionen Tote und Vertriebene in einer von Hunger und Gewalt kontaminierten Gesellschaft.

„Ein Gespenst geht um in Europa"! Mit diesen Worten hatten Karl Marx und Friedrich Engels im Jahr 1848 das „Manifest der Kommunistischen Partei" eröffnet. Aber erst 70 Jahre später erfüllte sich ihre Prophezeiung, als der Kommunismus ausgerechnet in Russland eine Heimat gefunden hatte. Kein Land in Europa blieb unberührt von der elementaren Wucht der russischen Revolution. Sie war nicht nur die Geburtsstunde der internationalen kommunistischen Bewegung, sie brachte überhaupt erst die Vorstellung in die Welt, durch Planung und Intervention, durch Terror und Gewalt könnten Krisen überwunden und ihre Wiederkehr für immer verhindert werden.

Überall in Europa wurden die Bolschewiki für ihre Entschlossenheit und ihren Willen, sich gegen jeden Widerstand durchzusetzen, bewundert. In der Wirtschaftskrise, die der Erste Weltkrieg hinterlassen hatte, verlor das bolschewistische Experiment für viele Menschen seinen Schrecken. Warum sollte dem totalen Staat und seiner Kommandowirtschaft nicht gelingen, woran die liberale Ordnung gescheitert war? Daran glaubten nicht nur Kommunisten. Von der bolschewistischen Verheißung ging eine Sogwirkung aus, die noch in den USA zu spüren war.

Im Jahr 1922 veröffentlichte der sozialrevolutionäre Emigrant Sergei Melgunow (1879–1956) in Berlin ein Buch über die Greuel des Bolschewismus. Er beklagte, dass sich die Sozialisten im Westen Europas für die russische Tragödie nicht interessierten. Sie rechtfertigten die Gewalt mit dem Hinweis, dass große Taten noch nie ohne Blut und Tränen voll-

Der Philosoph Oswald Spengler (1880–1936) entwickelte ein pessimistisches Geschichtsbild, wonach die Gegenwart von einem Prozess des Verfalls geprägt sei. Die Bedrohung durch den Kommunismus sah er als nützlich an – als Ansporn für eine von ihm erhoffte konservative Revolution.

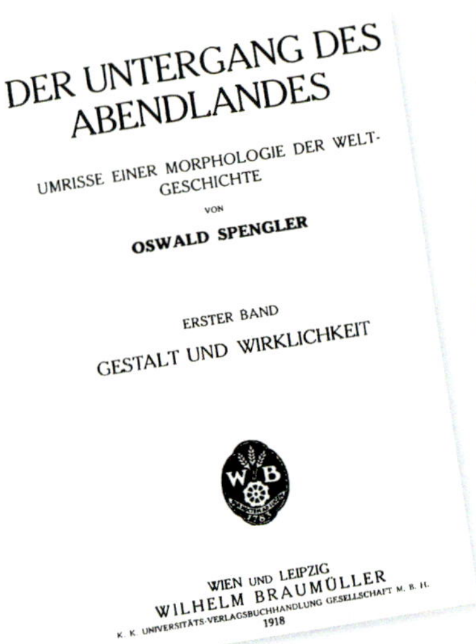

DER UNTERGANG DES ABENDLANDES

UMRISSE EINER MORPHOLOGIE DER WELTGESCHICHTE

VON

OSWALD SPENGLER

ERSTER BAND

GESTALT UND WIRKLICHKEIT

WIEN UND LEIPZIG
WILHELM BRAUMÜLLER
1918

Oswald Spenglers Hauptwerk war „Der Untergang des Abendlandes" (zwei Bände; Abbildung: Titelseite des Bandes eins von 1918).

bracht worden seien, und setzten die Greuel der Bolschewiki ins Recht. Melgunows Verbitterung kam aus der Isolation, in der sich die Emigranten befanden. Die Deutschen hatten andere Sorgen, als sich um die Nöte der Vertriebenen zu kümmern. Aber sie nahmen wahr, dass die russische Revolution zwar den Anbruch einer schönen neuen Welt versprach, tatsächlich aber Blut und Tränen produzierte. Die Revolution war auch eine Repräsentation des Schreckens, von Chaos und Anarchie, vor denen sich die Bürger fürchteten.

Man konnte überall in Europa erfahren, was in Russland geschah, dass Menschen verhungerten, getötet und zu Hunderttausenden aus ihrer Heimat vertrieben wurden. Nicht nur die Flüchtlinge, sondern auch die Soldaten der deutschen und österreichischen Armeen, die im November 1918 von der Ostfront abzogen, wussten von der Grausamkeit des Kriegs und dem Terror der Bolschewiki zu berichten. Die Furcht vor dem Terror erreichte in den Jahren des russischen Bürgerkriegs nicht nur Europa, sondern auch die USA. Seither gab es auch jenseits der sowjetischen Grenzen keine einzige politische Frage mehr, die nicht auch eine Antwort auf die russische Revolution gewesen wäre.

Angst vor „rotem Terror" treibt die Bürger in die Arme der radikalen Rechten

Die völkische Bewegung, Konservative und Antisemiten wussten die Furcht vor der Revolution für ihre eigenen Zwecke zu instrumentalisieren. Am 18. Dezember 1918 schrieb der antidemokratische Philosoph Oswald Spengler an einen Freund: „Ich sehe in der Revolution ein Mittel, das uns nützen kann, wenn diejenigen, welche für die Gestaltung unserer Zukunft in Betracht kommen, sie zu nützen verstehen".

Es war kein Zufall, dass Spengler diese Sätze schrieb, nachdem in München die Revolution ausgebrochen war. Zweifellos verstanden er und seine Freunde die Münchner Räterepublik als die Generalprobe des Bolschewismus in Deutschland. Sie trieb die verunsicherten Bürger, die sich vor dem „roten Terror" fürchteten, den Rechtsextremen zu. Die „neurotische Angst vor dem Bolschewismus", schreibt der Historiker Ian Kershaw, sei in der deutschen Provinz tief verwurzelt gewesen. Sie war der Grund, auf dem die völkische Bewegung gedieh.

Die russische Revolution war die Geburtsstunde der faschistischen Bewegungen, die sich als Antwort auf die kommunistische Bedrohung verstanden. Ohne die Herausforderung des Bolschewismus wäre es Mussolini und Hitler kaum gelungen, ihre Bewegung im bürgerlichen Milieu zu verankern. Kein politisches Programm, keine Vision von der neuen Welt konnte die Herausforderung der russischen Revolution noch ignorieren. Alle Versuche, Gesellschaften politisch und sozial zu ordnen, waren im 20. Jahrhundert auf die eine oder andere Weise eine Antwort auf die Herausforderung der russischen Revolution. So gesehen, war das 20. Jahrhundert kein amerikanisches und auch kein deutsches, kein liberales oder konservatives, sondern ein sowjetisches Jahrhundert.

Der Diktator zeigt eine lange Nase: Josef Stalin, der auf diesem Foto mit dem Fotografen scherzt, setzte von 1928 bis 1933 die Zwangskollektivierung durch – der Willkürkampagne gegen die angeblich reichen Bauern („Kulaken") und der den Umwälzungen folgenden Hungersnot fielen mehrere Millionen Menschen zum Opfer.

Prof. Dr. Jörg Baberowski, geb. 1961, lehrt Geschichte Osteuropas an der Humboldt-Universität zu Berlin.

Literatur

Mord in Jekaterinburg

Marc Ferro, Nikolaus II. Der letzte Zar. Zürich 1991.

Robert K. Massie, Nikolaus und Alexandra. Die letzten Romanows und das Ende des zaristischen Rußland. Frankfurt 1968.

Wendy Slater, The Many Deaths of Tsar Nicholas II. Relics, Remains and the Romanovs. London / New York 2007.

Mark Steinberg / Vladimir Khrustalev, The Fall of the Romanovs. Political Dreams and Personal Struggle in a Time of Revolution. New Haven / London 1995.

Der gärende Vielvölkerstaat

Jane Burbank / Mark von Hagen / Anatoli Remnew (Hrsg.), Russian Empire. Space, People, Power 1700 - 1930. Bloomington-Indianapolis 2007.

Dittmar Dahlmann, Sibirien. Vom 16. Jahrhundert bis zur Gegenwart. Paderborn 2009.

Guido Hausmann, Mütterchen Wolga. Ein Fluss als Erinnerungsort vom 16. bis ins frühe 20. Jahrhundert. Frankfurt am Main 2009.

Andreas Kappeler, Russland als Vielvölkerreich. Entstehung, Geschichte, Zerfall. 2. Auflage, München 2008.

Jörn Leonhard / Ulrike von Hirschhausen (Hrsg.), Comparing Empires. Encounter and Transfers in the Long Nineteenth Century. Göttingen 2011.

Der Bazillus des Umsturzes

Anna Geifman (Hrsg.), Russia under the Last Tsar. Opposition and Subversion 1894 - 1917. Oxford 1999.

Manfred Hildermeier, Die Russische Revolution 1905 - 1921. Frankfurt am Main 1995.

Alice K. Pate, Workers and Unity. A Study of Social Democracy, St. Petersburg Metalworkers, and the Labor Movement in Late Imperial Russia. Bloomington 2015.

Franco Venturi, Roots of Revolution. A History of the Populist and Socialist Movements in Nineteenth Century Russia. London 2001.

Die Revolution vor der Revolution

Helmut Altrichter, Rußland 1917. Ein Land auf der Suche nach sich selbst. Paderborn 1997.

Abraham Ascher, The Revolution of 1905. A Short History. Stanford 2004.

Martin Miller (Hrsg.), The Russian Revolution. The Essential Readings. Malden 2001.

Verena Moritz / Hannes Leidinger, Die Russische Revolution. Wien 2011.

Rex A. Wade (Hrsg.), Revolutionary Russia. New Approaches. New York 2004.

Lenin, Trotzki & Co

Simon Sebag Montefiore, Der junge Stalin. Frankfurt am Main 2007.

Robert Service, Lenin. Eine Biographie. München 2000.

Robert Service, Trotzki. Eine Biographie. Berlin 2012.

Der Staatsstreich der Bolschewiki

Manfred Hildermeier, Geschichte der Sowjetunion 1917 - 1991. Entstehung und Niedergang des ersten sozialistischen Staates. München 1998.

Alexander Rabinowitch, Die Sowjetmacht. Die Revolution der Bolschewiki 1917. Essen 2012.

Nikolaj N. Suchanow, 1917. Tagebuch der russischen Revolution. Hrsg. von Nikolaus Ehlert. München 1967.

Eine Partei neuen Typs

Helmut Altrichter, Kleine Geschichte der Sowjetunion, 1917 - 1991. 4. Auflage, München 2013.

Helmut Altrichter, Staat und Revolution in Sowjetrussland, 1917 - 1922/23. 2. Auflage, Darmstadt 1996.

Robert Service, The Bolshevik Party in Revolution 1917-1923. A Study in Organisational Change. London 1979.

Die Kulturrevolution

Boris Groys / Michael Hagemeister (Hrsg.), Die Neue Menschheit. Biopolitische Utopien in Russland zu Beginn des 20. Jahrhunderts. Frankfurt am Main 2005.

Wolfgang Mende, Musik und Kunst in der sowjetischen Revolutionskultur. Köln / Wien / Weimar 2009.

Stefan Plaggenborg, Revolutionskultur. Menschenbilder und kulturelle Praxis in Sowjetrußland zwischen Oktoberrevolution und Stalinismus. Köln / Wien / Weimar 1996.

Carmen Scheide, Kinder, Küche, Kommunismus. Das Wechselverhältnis zwischen sowjetischem Frauenalltag und Frauenpolitik von 1921 bis 1930 am Beispiel Moskauer Arbeiterinnen. Zürich 2002.

Der Bürgerkrieg

Nikolaus Katzer, Die Weiße Bewegung in Russland. Herrschaftsbildung, praktische Politik und politische Programmatik im Bürgerkrieg. Köln 1999.

Evan Mawdsley, The Russian Civil War. New York 2005.

Mary McAuley, Bread and Justice. State and Society in Petrograd, 1917 - 1922. Oxford 1991.

Die russische Revolution und das Ende des alten Europa

Jörg Baberowski, Der Feind ist überall. Stalinismus im Kaukasus. München 2003.

Jochen Böhler / Włodzimierz Borodziej / Joachim von Puttkamer (Hrsg.), Legacies of Violence. Eastern Europe's First World War. München 2014.

Orlando Figes, Die Tragödie eines Volkes. Die Epoche der russischen Revolution 1891 bis 1924. Berlin 1998.

Tsuyoshi Hasegawa, The February Revolution: Petrograd 1917. Seattle 1981.

Stephen Kotkin, Stalin. Paradoxes of Power 1878 - 1928. London 2014.